Gugu-tata

Mi bebé ya habla

Gugu-tata
Mi bebé ya habla

Marcel Rufo
Christine Schilte

LAROUSSE

EDICIÓN ORIGINAL

Dirección
Stephen Bateman

Dirección editorial
Pierre-Jean Furet

Responsable de edición
Carolina Rolland

Coordinación de la redacción
Nelly Benoit

EDICIÓN ESPAÑOLA

Dirección editorial
Jordi Induráin Pons

Edición
M. Àngels Casanovas Freixas

Edición gráfica
Eva Zamora Bernuz

Traducción
Marga Latorre

Corrección y adaptación
David Morán Pérez

Maquetación y preimpresión
dos més dos, edicions

Cubierta
Mònica Campdepadrós

Fotografías
Age Fotostock (pp. 15, 19, 23, 28, 30, 53, 57, 59, 61, 63, 65, 71, 97), Age Fotostock/Picture Partners (pp. 17, 20),
Age Fotostock/PlainPicture (pp. 68, 92), Age Fotostock/Science Photo Library (pp. 49, 54), Age Fotostock/SuperStock (p. 69),
LatinStock/Baby Stock (pp. 37, 82), LatinStock/BSIP (pp. 13, 39, 87, 88), LatinStock/Masterfile (pp. 18, 36, 81, 90),
LatinStock/Mauritius Images (p. 51), LatinStock/Photononstop (79, 95, 96), LatinStock/PVM (p. 41), LatinStock/Self Photo Agency (p. 34).

© 2004 Hachette Livre
© 2009 LAROUSSE EDITORIAL, S.L.
1.ª edición: 2008
1.ª reimpresión: 2009
Mallorca 45, 3.ª planta – 08029 Barcelona
Tel.: 93 241 35 05 – Fax: 93 241 35 07
larousse@larousse.es – www.larousse.es

ISBN: 978-84-8016-823-6
Depósito legal: NA-602-2009
Impresión: Gráficas Estella, S.A.
Impreso en España – Printed in Spain

Presentación

El niño ha dicho «mamá», la niña ha dicho «papá». Todos los padres esperan ese momento con una gran impaciencia. Creen firmemente que todas las primicias del lenguaje solo sirven para que surjan esas dos palabras. Sin embargo, estas contienen un mensaje importante: el niño reconoce a sus padres. Ellos saben desde hace más de un año que este bebé es el suyo y he aquí que él les declara madre y padre. Sin duda alguna, los tres forman una familia, ¡palabra de bebé!

Esta adquisición también es importante para el niño porque significa que ha registrado en su cabeza la imagen de quién es su madre y de quién es su padre. Piensa en ellos, les reclama.

Todos los padres desean tener una auténtica comunicación con su hijo. Hasta entonces, la intuían a través de los juegos de miradas y sonrisas y ahora, gracias a esas dos simples palabras, están seguros de ello, su hijo está dispuesto a dialogar. La palabra también es para ellos un signo importante de buena salud y cualquier retraso en el lenguaje les inquieta.

Los padres asocian siempre el lenguaje a la inteligencia. Ven en él el signo de un auténtico desarrollo: si el niño habla significa que hay palabras que le dan vueltas en la cabeza, que tiene pensamientos y sentimientos que quiere expresar. Al hablar, el niño se apropia del mundo y emprende su conquista. A través del lenguaje da sentido a su entorno y, en particular, a sus padres.

Ellos son los que proporcionan al niño las palabras de su vocabulario. Un auténtico don, del que el niño se convierte en el propietario y del que sus padres siguen siendo los usufructuarios. Las palabras, las frases, las expresiones están marcadas con el sello familiar en su selección, su entonación y su pronunciación. El lenguaje representa también la transmisión de una herencia familiar y cultural.

Hablen mucho a su bebé, háblenle sin parar incluso cuando no les responde, porque escucha… Consideren que son los entrenadores de lenguaje de un benjamín: enséñenle a utilizar la palabra adecuada en la frase, a regatear con la sintaxis y a salir victorioso de la confusión de sus ideas. Es una iniciación que persistirá toda la vida.

Marcel Rufo

Sumario

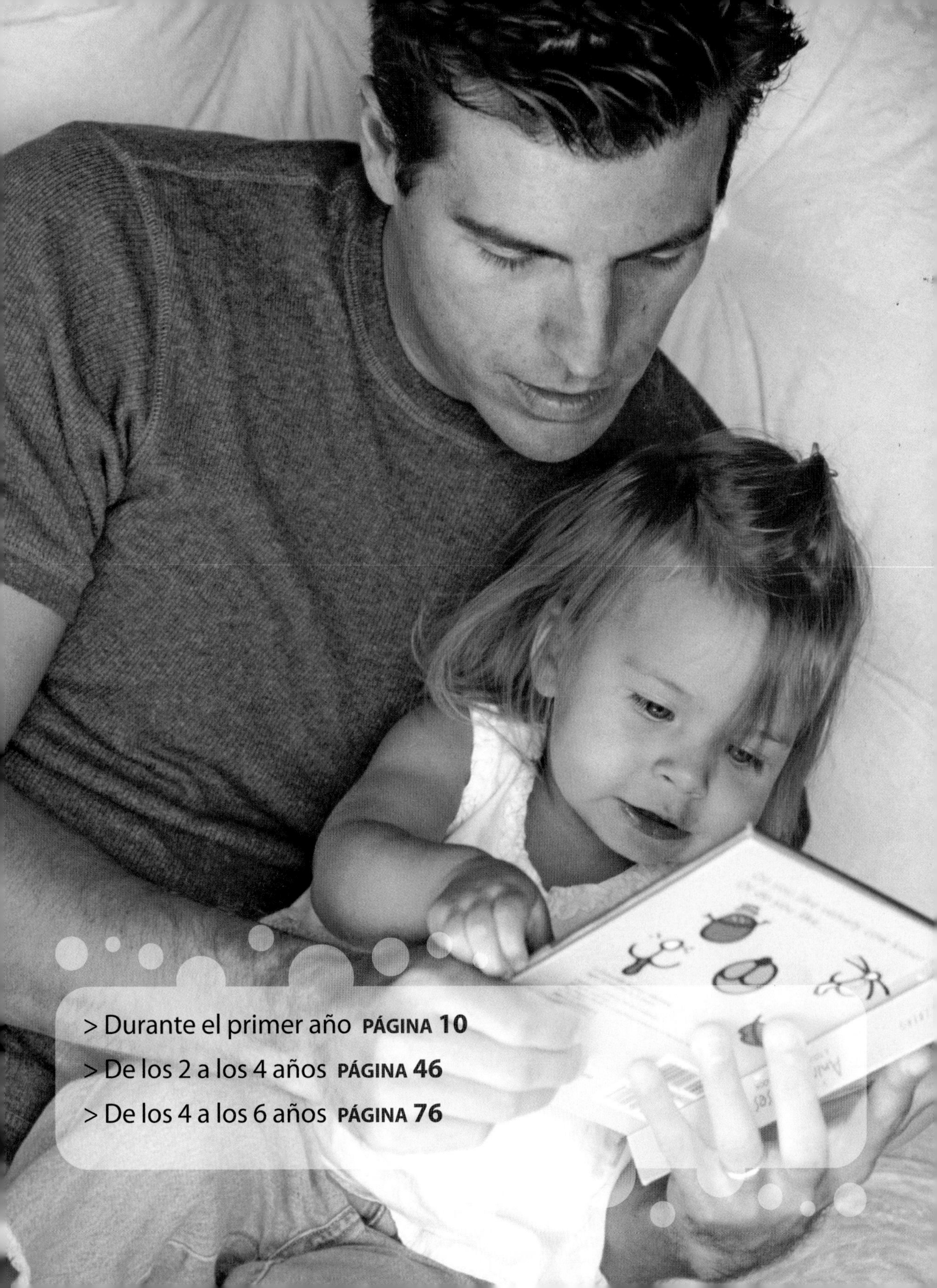

durante el primer año

Los balbuceos, gorgoritos y primeras palabras —«papá», «mamá»— indican el inicio del diálogo amoroso entre los padres y el hijo.

¿Cuáles son las primeras manifestaciones del lenguaje de nuestro bebé?

En el momento del nacimiento, ninguno de los órganos indispensables para el habla está operativo. Harán falta algunos meses para que estos adquieran una cierta madurez y para que se organice el aparato que sirve para la producción vocal.

Pero esto no impide que el bebé ya se comunique con sus familiares. La primera forma de lenguaje de un bebé es el llanto, con el que expresa lo que siente. También gracias a esos gritos se comunica con sus padres. Sus gritos lo dicen casi todo: tiene hambre, está mojado, tiene demasiado calor, tiene sed, no se siente seguro… en definitiva, un bebé siempre tiene una buena razón para gritar. Antes de finalizar el primer mes, el bebé modula sus gritos. A medida que pasan las semanas y con ayuda de la experiencia, los padres cada vez sabrán interpretar mejor los llantos de su bebé y también serán más capaces de soportarlos.

Las investigaciones realizadas sobre los gritos comunes a todos los bebés han permitido poner de manifiesto varios tipos de gritos que tienen significados distintos.

• El grito de hambre se caracteriza por su sonido estridente, seguido de una inspiración; se acompaña de un corto silbido y luego de un periodo de silencio. El niño espera a ver si sus padres le satisfacen.
• Los gritos de cólera se expresan con varios timbres de voz, depende de la fuerza con la que el aire pase entre las cuerdas vocales. Pero todos tienen un punto en común: son agudos y ponen realmente a prueba los oídos de los padres.
• El grito de dolor también es característico. Un primer grito, seguido de un silencio y luego de una inspiración, es el inicio de una serie de gritos espiratorios.
• El grito de frustración es una variante del grito de dolor. Se reconoce porque es un grito seguido de un largo silbido de inspiración. Estos gritos, que

Unos padres serenos, que explican a su bebé que no comprenden exactamente qué le sucede pero que están allí para ocuparse de él y reconfortarle, impiden que el niño caiga en el ciclo infernal del llanto.

UN PEQUEÑO CONSEJO

Acariciarle la mejilla o cogerle las manos son gestos que no siempre son suficientes; muy a menudo, el niño pide que se le coja en brazos. En un primer momento, esta posición le consuela y le proporciona unos vínculos afectivos. Pero, durante los meses siguientes, querrá formar parte del mundo que le rodea y manifestará cada vez más a menudo, a través de sus gritos, su necesidad de compañía y su deseo de participar en la vida de la familia.

siempre se repiten, son por ejemplo los que emite un bebé si se le retira el seno o el biberón cuando todavía tiene hambre.

• Por último, el grito de placer es breve y fuerte, y precede a los gritos de alegría.

A partir de las 3 semanas, los padres enseguida reconocerán los pequeños gritos destinados a atraer su atención. Todos esos gritos requieren una respuesta. Por otra parte, la mayoría de los padres empieza hablando a su bebé por encima de la cuna, tranquilizándole con su presencia.

Algunos bebés pasan por un episodio de gritos difíciles de interpretar. Son llantos que se producen al final del día, sin ninguna razón aparente, y casi siempre a la misma hora. Habrá que esperar a que el bebé tenga de 3 a 4 meses para que pierda esta costumbre. La cólera del bebé es más o menos marcada y más o menos larga según los niños. Aún no se ha encontrado ninguna razón médica comprobada para estos casos. Simplemente existen dos interpretaciones. Para algunos, es una forma de expulsar el exceso de energía acumulada a lo largo del día, mientras que para otros se trata de un temor ancestral relacionado con el final del día y el miedo a la noche. Resulta curioso constatar que estos bebés

UN PEQUEÑO CONSEJO

Es indispensable responder a los gritos del bebé, porque de lo contrario podría creer que sus lamentos son inútiles y que no puede esperar nada de sus padres. Un simple acercamiento físico tiene a menudo un efecto mágico: apoyado en el hombro de uno de sus padres, acurrucado en su cuello, respirando el olor del pelo de su padre o de su madre, el niño se tranquiliza.

no piden necesariamente que se les coja en brazos; a menudo la sola presencia de la madre, cerca de su cuna, les tranquiliza.

En el bebé también se da otra forma de expresión muy precoz que le permite transmitir a sus padres un cierto número de informaciones y establecer una relación con ellos: las expresiones del rostro. Es algo innato y común a todos los bebés del mundo. Transmiten placer, miedo, fastidio, angustia y sosiego. Eso es particularmente interesante en la relación que se establecerá entre el niño y los que le rodean, y esos movimientos del rostro permiten la interpretación de emociones y sentimientos: al niño le gusta algo o lo detesta y puede reconocerlo.

La primera forma de comunicación del bebé con el medio que le rodea se manifiesta por medio del llanto, el grito y las expresiones de su rostro.

2 La palabra es algo propio del ser humano, pero ¿qué empujará a nuestro bebé a hablar?

La aparición del lenguaje es, sin duda y ante todo, la concreción de la historia de amor que se crea entre el niño y sus padres desde la primera ecografía. El bebé tiene una necesidad innata de comunicarse y desarrollará esta capacidad de intercambio que se establecerá entre él y sus padres.

Aunque el diálogo en un sentido único con el niño se inicia durante el embarazo, es a partir del nacimiento cuando se expande totalmente: la acogida del bebé es siempre una ocasión de expresar con palabras y gestos todo el afecto que sus padres ya sienten por él. De las relaciones afectivas que unirán al niño con sus padres, en particular con la madre, depende el desarrollo psíquico del niño. El ligamen precoz madre-hijo pone en marcha unos comportamientos específicos en el bebé humano: sus gritos, sus sonrisas y su mirada tejen entre ellos una intensa relación amorosa. El lenguaje desempeña en ella una parte importante.

El estudio de «niños salvajes», que no están dotados de palabra y que han crecido sin ninguna presencia humana, al igual que los niños criados en colectividad en malas condiciones, pone de relieve que, para saber hablar, el niño debe tener un interlocutor, un modelo y un guía. Aunque algunos órganos son indispensables para poder articular palabras, estos no bastan: el niño se expresa a través del lenguaje porque quiere comunicarse con sus padres y porque sus padres le hablan.

Lo que le empuja a hablar es esencialmente una gran necesidad de comunicación afectiva. En el surgimiento del lenguaje existe un importante elemento emocional: el niño quiere compartir las emociones que percibe en el adulto y transmitir las suyas. La particular lengua de los adultos con la que estos hablan a su bebé y que escogen espontáneamente es, por otra parte, intensamente afectiva.

A partir de los 2 meses, el bebé emite más sonidos y ruidos en presencia del adulto que se ocupa de él que en su ausencia: ha aprendido a reconocer a su interlocutor. A esta edad se interesa en particular por las sílabas y capta con mayor facilidad los cambios de los fonemas cuando se utilizan en frases

UN PEQUEÑO CONSEJO

Debemos ser siempre conscientes de que la lengua materna se transmite al niño a través del juego y de la relación afectiva.

El niño siempre intenta hablar para decir ante todo lo que siente.

cortas. Cada vez está más preparado para hablar. Las primeras palabras surgen en general para expresar una emoción frente a un acontecimiento inesperado. El lenguaje sirve para establecer un ligamen, surge cuando el bebé siente que se vuelve autónomo. Establecer una relación con los demás más allá del contacto corporal es su principal motivación.

El bebé responde rápidamente a las palabras de su madre, reconoce la voz que ha oído durante su gestación.

El bebé no solo es capaz de recibir las señales que le envían sus padres sino también de emitirlas. A veces, incluso resulta difícil determinar quién responde a quién. Esta interacción es fundamental para su lenguaje y su futuro.

Todos los padres sueñan con tener un bebé que empiece a hablar muy pronto. Pero se requiere un tiempo para todo y las etapas del desarrollo son casi inmutables, aunque siempre hay niños precoces. En el caso de un recién nacido, lo esencial es que los padres le respondan en cuanto el niño emita los primeros sonidos, en cuanto empiece a balbucear. Así, poco a poco, aprenderá el significado y la musicalidad de las palabras. No hay que olvidar nunca que cada niño madura a un ritmo diferente, por eso no debemos preocuparnos si nuestro bebé habla antes o después que el bebé de nuestros amigos.

3 ¿Qué aportan las capacidades innatas al lenguaje de nuestro bebé?

Según parece, los bebés también tienen un cierto número de capacidades innatas que les abren las puertas a la palabra. Desde su nacimiento, el bebé reacciona ante los ruidos que le rodean.

Su aparato auditivo todavía no tiene la capacidad de transmitirle el matiz de todos los sonidos, pero oye perfectamente. Resulta curioso constatar que el niño prefiere el sonido de la voz humana a cualquier otro. Manifiesta un particular interés por la voz de su madre y su lengua materna. Sin duda se trata del resultado de una cierta memorización de lo que ha percibido en el útero durante el embarazo.

Pero el bebé no se contenta solo con percibir los sonidos que se expresan mediante la palabra, sino que parece que es capaz de analizarlos y de reconocerlos, sin duda gracias a un don innato. Puede distinguir prácticamente la totalidad de los contrastes de las lenguas naturales y clasificarlos en categorías. También puede reconocer la similitud de los sonidos que pertenecen a la misma categoría fonética, sea cual sea su entonación, su tono o su contexto.

Los mecanismos cerebrales que rigen el lenguaje todavía hoy siguen siendo poco conocidos.

Evidentemente, todo ello solo es posible gracias al cerebro, donde algunas zonas están involucradas en la comprensión del habla y otras en su emisión.

Poco a poco, los gritos del bebé se modifican y son sustituidos por una gama de pequeños ruidos que se convertirán en lenguaje. Estas manifestaciones evolucionan en función de lo que el niño percibe.

SABER +

Todos los bebés tienen una capacidad innata para aprender cualquier idioma, pero en poco tiempo van seleccionando los sonidos que les interesan y olvidan el resto, de forma que entre los cinco y seis meses solo se fijan en las vocales de la lengua materna y se pierden aquellos sonidos que ya no se utilizan. Este proceso de selección explica por qué es más difícil aprender una nueva lengua cuando somos adultos.

Las dos áreas más importantes son las de Broca y Wernicke, situadas en el hemisferio izquierdo del cerebro. Actualmente se sabe que el cerebro izquierdo, el que trata en particular los sonidos, funciona desde el nacimiento. El hemisferio derecho tiene la especificidad de controlar la prosodia, la musicalidad de las palabras pronunciadas y las variaciones de las entonaciones. Su maduración es más rápida que la del hemisferio izquierdo, lo que explica en parte la forma en que se desarrolla el lenguaje en los niños más pequeños.

La palabra llega pronto. Hacia los 3-4 meses, el bebé gira los ojos y la cabeza hacia una fuente sonora. Entonces empieza a balbucear. Los sonidos vocales son los primeros que surgen, seguidos por los que se parecen a las consonantes. Hacia los 5-6 meses, un bebé es capaz de responder vocalmente si se le estimula, incluso consigue realizar vocalizaciones. Según parece, la capacidad del bebé para reconocer y seriar el lenguaje del adulto, que es algo que le resultará útil, es innato en gran parte. Así, puede diferenciar entre «ba» y «da» cuando solo tiene unos pocos días, conoce el sonido «a», sea cual sea el tono o el acento con el que se pronuncia esta letra, y diferencia «gato» de «pato» independientemente de que estas palabras las diga un hombre, una mujer, un niño o una persona con un fuerte acento regional.

Los niños desarrollan el sentido del oído en el seno materno y son capaces de reaccionar ante los ruidos que le rodean.

4 ¿Cuándo podrá comprendernos nuestro bebé?

En realidad, el niño no comprende realmente de forma precisa lo que le dicen sus padres. Para él, las palabras todavía no tienen ninguna representación. Percibe, ante todo, por intuición.

El niño siente lo que le dicen gracias a la musicalidad de las palabras, a las expresiones de la cara que las acompañan y a los movimientos de los ojos que el adulto hace de forma natural.

Así, a los 2 o 3 meses sabe reconocer una sonrisa o una mueca de insatisfacción de su madre o de su padre. Hacia el primer año, el lenguaje llamado receptivo ya está funcionando. Como prueba de ello, basta con pedirle que nos dé un objeto. Lo comprende perfectamente, porque o bien lo da dócilmente o muestra claramente su

> Hablar es mucho más que reproducir las palabras oídas; también significa comprender lo simbólico y ser capaz de establecer categorías.

negación. A esta edad, el niño responde mejor a las peticiones simples que a las frases complejas. Entre las palabras de sus padres, la palabra «no» es una de las primeras cuyo significado entiende.

Expresiones como «mira» o «escucha» atraen su atención y ponen palabras a las cosas y las personas. El niño adquiere vocabulario y se inicia en el ritmo de la lengua. Pero esta práctica tiene otras virtudes; al nombrar a las personas, los objetos, los animales que rodean al niño, el adulto le hace comprender que ambos pertenecen a un mundo en el que no están solos: el entorno está compuesto por cosas que se pueden contemplar, poseer, manipular y nombrar.

> El juego es una buena herramienta para favorecer el lenguaje de los niños y permite enseñarles órdenes sencillas.

5 Nuestro bebé sabe hacernos comprender perfectamente que quiere algo señalando el objeto deseado con el dedo; ¿es esto una forma de lenguaje?

El señalar con el dedo es uno de los primeros gestos voluntarios de los niños, y los psicólogos también lo interpretan como una de las primeras manifestaciones de comunicación.

En general, este gesto aparece, espontáneamente, hacia los 6-7 meses; primero el niño tiende toda la mano y luego un solo dedo. El dedo tendido hacia el objeto deseado, según las circunstancias, significa «quiero, recoge, acerca, dame». El niño también se da cuenta muy pronto de que es una buena manera de llamar la atención de los padres hacia un objeto que le intriga y hacia una persona o un animal que le atrae. Los padres le acercarán lo que desea con toda naturalidad.

Casi siempre este gesto va acompañado de un comentario sobre el objeto, el animal o la persona: su nombre, su color, su suavidad, su fragilidad. En una palabra, una cantidad de calificativos que ayudan a una buena definición. A veces, el señalar con el dedo va asociado a vocalizaciones prácticamente incomprensibles, que los padres se apresuran a traducir en una palabra con un tono interrogador. El niño, al señalar con el dedo, mira al adulto que puede satisfacerle. Dice a los demás: «Ocúpate de mí, existo».

SABER +

El ser humano utiliza una media de doscientos gestos para comunicarse, que esencialmente son movimientos de las manos. En el repertorio clásico del niño, junto con el gesto de señalar espontáneamente con el dedo, se hallan los gestos aprendidos para decir «adiós, muy bien, silencio». A los niños les encanta aprenderlos y en general los realizan con una gran alegría.

El lenguaje no verbal incluye gestos como señalar objetos.

6 ¿En qué momento hablará nuestro hijo y qué es lo primero que dirá?

Hacia las 5 o 6 semanas, el bebé se expresa por primera vez de otra forma, además de los gritos; empieza a hacer gorgoritos y a experimentar con su voz, en un momento en que se siente tranquilo, totalmente a gusto en su moisés o en el baño.

El niño emite un sonido entre la «o» y la «e», ni demasiado alto ni demasiado bajo. Se trata de lo que los especialistas llaman lalación, compuesta esencialmente por vocales, y a veces por unas pocas consonantes y sílabas. Como esto le parece sumamente divertido y sus padres le animan a continuar, intentará producir otros sonidos derivados: «a, aroe, ro, arre, agu».

El niño sabe asociar el sonido de una voz con el rostro de una persona familiar. Las palabras pueden existir gracias a que el niño se acostumbra al lenguaje.

El niño, por imitación, empieza muy pronto a emitir diferentes sonidos, primero vocálicos y después combinados con consonantes.

Según los niños, estas emisiones tienen lugar entre los 2 y los 5 meses. El bebé puede pasar largos momentos jugando solo con su voz, experimentando las diversas vibraciones que puede hacer con la garganta y la boca. Pasa de los sonidos agudos a los graves, de los ruidos fuertes a los susurros. Por supuesto, las exhortaciones de sus familiares le ayudan a progresar y le animan a intentar reproducir lo que oye.

A partir de los 3 meses, la posición sentada transforma las posibilidades fónicas del niño: su laringe se sitúa en su lugar definitivo, dejando un espacio detrás de la lengua, y la parte posterior de esta se vuelve móvil. El bebé enriquece el número de las vocales, produce sonidos como «u» y algunas consonantes. Es lo que se denomina balbuceo. Gracias a ciertas transformaciones

UN PEQUEÑO CONSEJO

No se sorprendan si oyen que el niño emite sonidos extraños parecidos a gorgoritos o chirridos. Estos «ruidos» se deben a una particularidad anatómica: su laringe está situada muy arriba en su garganta, muy cerca de sus fosas nasales, pero ya adquirirá una posición normal cuando el niño esté más a menudo sentado y luego más de pie que echado.

SABER +

En el período de los primeros 12 a 18 meses, generalmente por desconocimiento de los adultos o por costumbre del entorno familiar más próximo, existe la mala práctica de hablar a los bebés con diminutivos o con falsas expresiones afectadas y sin sentido explícito. Esta costumbre de no reproducir las palabras correctamente dificulta la asimilación natural de la entonación y de las primeras palabras y provoca un inicio del habla en el niño también afectado. Siempre se hacen con la mejor intención y con cariño hacia el bebé, pero no ayuda en el proceso de asimilación del lenguaje hablado.

anatómicas –aparición de dientes, posición más posterior de la lengua, mejor deglución-, sus capacidades fónicas irán aumentando considerablemente.

El niño posee ahora el control de los músculos de todo el rostro, en particular los de los labios, la parte posterior de la garganta y la laringe, lo que repercute sobre las cuerdas vocales, y por último de sus abdominales, que le proporcionarán aliento. Al acceder a la fonación, hacia los 5 meses, el niño es capaz de modular el volumen, la duración y la intensidad de lo que dice. Por otra parte, controla cada vez más el cese o la continuación voluntarios de sus vocalizaciones.

Entre los 4 y los 7 meses, nuevas posibilidades de articulación permiten que el bebé emita sonidos parecidos a los de las consonantes y las vocales largas y moduladas. Sus juegos vocales le enseñan las relaciones entre la intensidad y la duración de los sonidos, así como el arte y la manera de pronunciarlos.

7 Nuestro hijo empieza a balbucear, ¿qué significa en general este balbuceo?

El balbuceo aparece casi bruscamente. El bebé aprende a duplicar las consonantes y las sílabas. Puede responder como un eco a sus interlocutores y establecer largos intercambios compuestos por «ma ma, pa pa, ta ta», etc., unas emisiones nítidas y bien articuladas.

Este fenómeno es importante puesto que la sílaba es la primera unidad de todas las lenguas. Las nuevas expresiones que utiliza el bebé constituyen una prueba de una buena articulación, muy parecida a la de los adultos. En un primer momento, las sílabas son simples, compuestas por asociaciones de una vocal con una consonante, en general nasal, como «m, n, ñ» u oclusiva, como «p, b, t, d».

La vocal preferida de los niños es la «a». Algunos son más originales y se expresan con sílabas con las consonantes «g» o «k». Muchos bebés incluso son capaces de emitir sonidos como la «r», que pronuncian perfectamente para después olvidarla y tardar varios años en volver a recordarla. De igual forma, utilizan con un auténtico placer las consonantes sonoras «d» y «b» que, sin embargo, solo aparecerán en su lenguaje después de la «t» y la «p».

El progreso en el balbuceo es igual en todos los niños: primero, la sílaba aislada y luego las series de sílabas repetidas y, por último, las series de sílabas con sonidos muy variados. Pero no todos los niños escogen los mismos sonidos para expresarse.

El niño sigue jugando con su voz cuando está solo, por placer. Se ejercita entonces en un gran número de variaciones vocales, pasando de los graves a los agudos. Produce sonidos complejos que a un adulto le resultaría difícil articular, por ejemplo series de consonantes o bien un sonido hecho con dos oclusiones en vez de una, parecido al clic de las lenguas africanas. Pero cada vez aprecia más «la conversación» entre dos con uno de sus padres. Controla entonces su voz y la ajusta al registro de su interlocutor: puede hablar bajo o casi gritar fuerte para atraer su atención.

La progresión del balbuceo se construye mediante experimentos, en particular cuando el niño dice varias sílabas seguidas o hace asociaciones de vocal-consonante-vocal, como «aba» o «ata». Entre los 7 y los 8 meses, el balbuceo llega a un punto máximo; no permite expresar todos los sonidos del lenguaje pero ya representa una cierta riqueza fonética. Se considera que las sílabas repetitivas sirven para unir los sonidos emitidos con los movimientos articulatorios que el niño debe hacer para pronunciarlos: abrir y cerrar la boca, posición de la lengua, fuerza del aire expulsado.

A partir de los 10 meses aproximadamente, algunos niños encadenan cada vez más a menudo series de polisílabos en los que varían las vocales y las consonantes. Lo que cuentan parece expresado en una lengua sorprendente.

Hacia los 9 o 10 meses, paralelamente al desarrollo del balbuceo, el niño empieza a comprender algunas palabras. Su memoria auditiva le permite reproducir, como puede, lo que acaba de oír y hace

El balbuceo es ya un lenguaje, puesto que el niño lo utiliza para llamar, pedir, expresar su satisfacción y buscar la conformidad de sus padres.

esfuerzos para imitar los movimientos de los labios de su interlocutor. Su vista, su sentido del tacto y su audición contribuyen plenamente al desarrollo de su lenguaje: con el tacto conoce su boca y los movimientos de su mandíbula, la vista le muestra los movimientos de los labios, indispensables para la pronunciación de lo que oye. La atención que presta a lo que la otra persona le dice moviliza casi totalmente su energía. Apenas vocaliza ya «gratuitamente» cuando está solo. En compañía de sus padres intenta repetir lo que estos le dicen. Por su parte, los padres intentan dar un significado a lo que el niño acaba de emitir.

El adulto interpreta, da una intencionalidad, encuentra en su lengua la palabra más parecida que repite una y otra vez y que el niño también intentará decir. Estos ejercicios repetidos de imitación, evidentemente con mucha aproximación en los primeros tiempos, conducirán al niño a pronunciar más tarde auténticas palabras, a un inicio de diálogo con sus padres. El adulto, al hablar con el niño, insiste instintivamente en la

cesura de las palabras y de las sílabas, unidades de base características de la lengua. Todo ello facilita el aprendizaje, sobre todo porque el bebé espera su turno para hablar y escuchar.

UN PEQUEÑO CONSEJO

Escuche lo que le dice el niño. Este, en su balbuceo, utiliza melodías y ritmos diferentes según si quiere algo, le hace una pregunta o le llama.
No sabe utilizar palabras pero sí el tono de la frase. Su balbuceo ya está marcado por la lengua; se halla en el estadio del protolenguaje.

¿El balbuceo de un bebé significa que dentro de poco hablará y que no sufre ningún trastorno?

Se ha comprobado que el balbuceo de un niño sordo es casi idéntico al de un niño que oye perfectamente. Por ello, excepto un diagnóstico en el momento del nacimiento, realmente no puede observarse nada antes de que el niño tenga 8 meses.

> El niño que no responde a una llamada pronto es calificado de pillo o de testarudo. Muchas sorderas se atribuyen a un mal carácter. Toda función lingüística pasa por la oreja y la mayoría de los retrasos en el lenguaje se deben a trastornos del oído.

Hay que preocuparse cuando un bebé de algunas semanas no empieza a balbucear, a hacer ruidos con la garganta y gorgoritos. Debe consultarse al médico cuando, tras el estadio del balbuceo, el bebé no ha evolucionado hasta llegar al parloteo, como mucho a los 8 meses. Un bebé de 8 o 9 meses que no juega con las sílabas y que utiliza pocas entonaciones quizá tenga un problema de audición.

Alrededor del primer año, los padres deben preguntarse sobre la integridad auditiva de un niño que no conoce su nombre, no responde a una llamada o a una orden sencilla como «ven». Otro ejemplo típico: a veces, el niño responde normalmente y otras veces, en las mismas condiciones, no lo hace. Los padres pueden comprobar sus reacciones en función de la intensidad de sus llamadas: ¿su hijo oye mejor cuando le habla en voz baja o en voz alta?

Normalmente, un niño que oye bien se gira sea cual sea la intensidad de la voz, sobre todo si se le ofrece una golosina o se le propone hacer una actividad que le gusta. El niño que oye mal «aprende» el lenguaje fijándose en los movimientos de la boca, las expresiones del rostro y los gestos; se trata de un aprendizaje difícil y largo. Los padres tienen que ser buenos observadores, pero no hacer comprobaciones

UN PEQUEÑO CONSEJO

El principal obstáculo para hablar es la sordera. Sea cual sea el grado de esta, cuanto más precoz sea el diagnóstico, antes el niño podrá llevar un audífono, si lo necesita; cuanto antes se inicie la reeducación, mejor será la integración en la sociedad y los primeros aprendizajes resultarán más fáciles. Pero cualquier método de reeducación debe ir acompañado de un apoyo psicológico al niño y a su familia.

permanentemente a su hijo para no correr el riesgo de complicar posibles diagnósticos ulteriores. El otorrinolaringólogo, gracias sobre todo al examen de las «emisiones acústicas u otoemisiones provocadas», con el que mide las vibraciones de las células del oído interno, seguido de una evaluación más profunda de

la audición, establecerá un diagnóstico preciso y decidirá el tratamiento que se debe seguir.

El trabajo de un ortofonista con un niño sordo, según la gravedad de la sordera, podrá ayudarle a hablar o a adquirir otra forma de comunicación.

9 Dicen que es importante que hablemos a nuestro bebé, ¿cómo debemos hacerlo?

Los niños solo adquieren la palabra si las personas de su entorno le hablan. Cuando el niño solo tiene algunos meses, el vocabulario no tiene mucha importancia. Los bebés son sensibles sobre todo a la tonalidad de las palabras, a su música y a las expresiones del rostro que les acompañan.

Resulta sorprendente constatar que, en todo el mundo, los adultos utilizan un tono particular para dirigirse a los bebés: desplazan su voz hacia los agudos, hablan con una cierta lentitud y sienten una necesidad instintiva de repetir tanto las palabras como las frases. Mayoritariamente escogen palabras de sílabas gemelas. La entonación también es muy marcada y hace hincapié en las palabras que se consideran importantes, mientras la cabeza y el rostro se vuelven muy móviles para apoyar el discurso de las expresiones de la cara. Las pausas entre las frases son muy marcadas. Las frases son cortas, gramaticalmente correctas, a menudo en presente, y en ellas se utiliza un vocabulario concreto.

Las madres de lengua española tienen tendencia a utilizar prioritariamente las palabras que empiezan con consonantes bilabiales

como «m, b, p». Curiosamente esta misma costumbre se encuentra entre las madres anglosajonas, que también usan palabras bilabiales mucho más de lo que lo hace el repertorio fonético de su lengua.

Todas estas características manifiestan conductas de adaptación que permiten que el bebé perciba de forma óptima lo que oye y lo reproduzca lo mejor posible, en función de sus posibilidades mecánicas de articulación. Se ha estudiado la reacción de los bebés a esta forma de lenguaje. El resultado es evidente: a los bebés les encanta que les hablen así. Son perfectamente capaces de discernir las sílabas incluso con una clara sensibilidad respecto al orden de los fonemas. Prefieren las sílabas que tienen por lo menos una vocal a las que solo tienen consonantes, y diferencian las palabras

El lenguaje funciona por etapas, con un orden fijo, pero estas no se producen en el mismo momento en todos los niños. Algunos, precoces, saltan repentinamente un peldaño de algunos meses, mientras los que apenas decían nada se convierten pronto en unos auténticos charlatanes.

UN PEQUEÑO CONSEJO

Las primeras palabras que dirige a su hijo se extraen de un vocabulario simple de una o dos sílabas. La forma interrogativa de las frases debe usarse relativamente a menudo aunque el niño sea incapaz de responder a ella. Las preguntas deben ser interpretadas como una incitación al diálogo y a hacer una elección. Cuando el niño empiece a hablar, será interesante enriquecer su vocabulario con referencias a cosas presentes en la vida diaria.

de dos sílabas de las que tienen tres, sea cual sea la duración de la pronunciación de la palabra.

Pero, para despertar su interés, los sonidos deben separarse para que puedan distinguirlos bien. Un discurso relativamente repetitivo no les molesta, todo lo contrario. Por último, la repetición de los sonidos emitidos por el niño y su traducción en lenguaje adulto, más o menos creativo, hacen pensar al niño que puede hacerse comprender. Muchos padres aprovechan entonces para aportar a estas primeras expresiones un contexto de lugar o de tiempo: «Mamá va a preparar el biberón», «Papá llegará pronto a casa».

La utilización del vocabulario «nene, tata, pipí, pupa» no tiene demasiada importancia si es

limitado y no se prolonga más allá del primer año. Efectivamente, hasta esta edad, el bebé está más atento a las frases compuestas con este vocabulario que a las que los adultos utilizan corrientemente. Pero algunos padres se obstinan en pensar que su hijo solo les comprende si le hablan como a un bebé, imitando al niño en la duplicación de las sílabas y asociando unas palabras con otras sin formar una frase, excluyendo en particular los verbos y los artículos. Esta práctica, en realidad, perjudica el progreso de los niños y retrasa su comprensión del lenguaje hablado por todos.

Efectivamente, el niño aprende a hablar mediante un sistema de imitación no reproductivo pero inteligentemente constructivo: observa, memoriza y luego intenta imitar. A lo largo de su aprendizaje del lenguaje, emite proposiciones que pide que ratifiquen los adultos que le rodean. ¿Cómo puede progresar si estos le mantienen en lo que ha adquirido y no le hacen avanzar un poco más en el camino de la comunicación?

Todas las madres del mundo no cuentan las mismas cosas a sus hijos. Así, las estadounidenses enseñan a sus hijos a nombrar los objetos con el objetivo de que adquieran un vocabulario sólido. Resultado: los pequeños estadounidenses hablan con mayor precocidad pero pronuncian bastante mal lo que dicen y utilizan pocos verbos. En Japón, las nociones de belleza, estética y de relación con los demás son las que se aprenden primero. Los niños japoneses enuncian sus primeras frases bastante tarde pero estas son largas y variadas. En Suecia prima la acción y los niños pronto saben decir «saltar, columpiarse, bailar». Los niños españoles adquieren con bastante rapidez un vocabulario relacionado con la familia y objetos cotidianos.

10 Se dice que los bebés se expresan con el cuerpo, ¿se trata realmente de un lenguaje?

Al nacer, el bebé está dotado de un cierto número de expresiones de la cara innatas que ya le permiten mostrar algunos sentimientos: si hace una mueca significa que algo no le gusta o que siente dolor; si sonríe es que está satisfecho o que algo le gusta. Estos movimientos del rostro son una forma de lenguaje.

A través de estas expresiones de la cara, el niño comunica a sus padres informaciones que en general llevarán a estos a actuar o a modificar su comportamiento. Pero, de hecho, todo el cuerpo del bebé es capaz de establecer una comunicación con todos aquellos que se ocupan de él, por poca atención que le presten. Efectivamente, cuando nace, el niño está perfectamente provisto en el plano del tacto. Su piel percibe diversas sensaciones y su cerebro ya puede analizar diferentes tactos y determinar si son agradables o desagradables.

> Antes de hablar, el niño se expresa con el cuerpo. Así toda la retahíla de somatizaciones no es más que la manifestación de su ansiedad.

La piel es el órgano que informa al bebé sobre su entorno inmediato. Este sistema sensitivo es excelente para que el contacto piel con piel desempeñe un importante papel de mediador con el exterior. A través del tacto se establece un auténtico diálogo entre los padres y su hijo; muy pronto este reconoce quién le sostiene en brazos, su padre, su madre o alguna otra persona. Establece claramente una diferencia entre la forma acogedora de abrazar y el hecho de llevarlo muy arriba, que caracteriza al padre.

El llevar al niño en brazos permite observar el «diálogo tónico» del bebé. Todo su cuerpo reacciona cuando esto ocurre, y lo hace de manera diferente según quien lo sostenga. Reconoce a quien le lleva y, en función de esta persona, ajusta su posición y sus movimientos:

mueve las piernas, los brazos, su cabeza se yergue más o menos. A todos los niños les gusta que les acaricien. Rápidamente distinguen las caricias de su madre de las de su padre, porque no las recibe en la misma parte del cuerpo, no tienen la misma firmeza y no se producen en el mismo momento del día. La espalda del bebé es la parte del cuerpo más receptiva y ofrece una gran superficie para las caricias. Bajo este efecto, el niño manifiesta con todo su cuerpo el placer que siente al ser rozado, tocado, cogido en brazos.

A la sensación táctil se asocian informaciones que aportan los demás sentidos, en particular la vista y el oído, puesto que las caricias nunca se prodigan en silencio. Todo ello le ayuda a tranquilizarse y le da seguridad: le quieren. Este sentimiento de bienestar le ayuda a desarrollarse física y psíquicamente. Entre los padres y el niño se establece un intercambio tónico en el que se transmiten todas las emociones.

A lo largo de las semanas, el niño se mueve cada vez más, gira la cabeza cuando se le llama, agita frenéticamente los brazos y las piernas o tiende todo su cuerpo para que le saquen de la cuna, frunce las cejas cuando no está contento, abre mucho los ojos para demostrar su sorpresa. Todo este movimiento pronto irá acompañado de una vocalización para

Los momentos de relajación favorecen la comunicación verbal y gestual entre la madre y el hijo.

atraer todavía más la atención y, unos meses más tarde, la palabra «quiero» será incluso más explícita.

El niño también es capaz muy pronto de apartar la mirada si no se siente comprendido. Hacia los 10 meses, sus gestos se hacen más precisos, sabe decir «no» girando la cabeza. Pero es sin duda hacia el año cuando su gestualidad se desarrollará realmente porque habrá aprendido por experiencia que cada gesto se acompaña de un resultado, con lo que lo convierte en un verdadero medio de comunicación. Un niño de 1 año sabe expresar el rechazo o la satisfacción ante unas proposiciones de olor y sabor. El gesto del tacto conducirá al de coger que, en función de los movimientos del cuerpo, el rostro y el brazo, se convertirá en una petición correcta o en una exigencia de derecho.

Mientras las palabras no le resulten fáciles, el niño hablará con gestos y más tarde ocurrirá lo contrario. Los niños de 2 años, que empiezan a hablar, dejan atrás poco a poco su gestualidad habitual.

UN PEQUEÑO CONSEJO

Las caricias y las palabras tiernas acaban siempre por tranquilizar a los bebés, incluso a los más insatisfechos. Las caricias colman la necesidad innata del bebé del contacto «cuerpo a cuerpo» que ha perdido desde su nacimiento. Le ayudan también a lo largo de los meses, primero a comprender que existe como ser independiente de su madre y luego a constituir su esquema corporal, una noción importante en la elaboración del lenguaje.

11 Nuestro bebé parece dispuesto a aprender a hablar. ¿Cuáles son los periodos más favorables durante el día para iniciarle en el lenguaje?

Un niño está dispuesto a aprender en todo momento. Su inteligencia solo pide ser desarrollada. El niño desborda energía para observar, almacenar informaciones y memorizarlas. En esta capacidad, sobre todo de imitar, se basa en gran parte su aprendizaje del lenguaje.

Así, los investigadores han descubierto un extraño fenómeno de imitación muy precoz hacia el tercer mes. Este se caracteriza por un intercambio bien organizado entre el niño y su interlocutor: el niño responde como un eco a las solicitudes de uno de sus padres, esperando que este haya acabado de hablar para expresarse a su vez. Los padres tienen entonces la curiosa impresión de que ya establecen una verdadera conversación con su bebé. Este fenómeno dura poco tiempo y da paso, un poco más tarde, hacia los 5 meses, a una clara capacidad de hacer imitaciones cada vez más elaboradas.

Ayudar al niño a acceder al lenguaje así como al mundo que le rodea no requiere nada complicado, simplemente una atención diaria, un estado de ánimo y compartir al máximo las experiencias y los encuentros. Todos los momentos en que no duerme son propicios para ello: sería ridículo proponerle sesiones de iniciación a la lengua. Por el contrario, hay que aprovechar todos los instantes en que el niño está disponible y el aprendizaje puede convertirse en un placer. Por ejemplo, el momento del baño: el niño está relajado, feliz de estar en el agua. Se constata entonces que en estos momentos al bebé le gusta balbucear y responder a las propuestas de lenguaje de sus padres.

Un poco más tarde, el baño también es un buen momento para enriquecer su vocabulario, por ejemplo mostrándole las diferentes partes de su cuerpo. Especialmente después de la siesta, cuando está descansado, el bebé está más disponible para las actividades intelectuales, pero necesita estimulaciones breves para no cansarse, sobre todo porque su periodo de atención por una misma cosa es muy breve. Las actividades de aprendizaje deben repetirse siempre para que el niño las asimile perfectamente. Esta regla también es válida para el lenguaje.

> *Uno de los juegos favoritos de los niños hacia los 6 meses es el juego del escondite. Mediante este intercambio con sus padres, presente/no presente, igual/no igual, el niño se entrena para diferenciar y seriar, un aprendizaje importante para la escucha de los sonidos y su reproducción.*

SABER +

En determinados momentos, el niño parece cansado o no manifiesta ningún interés por nada. Todos los niños pasan por periodos de desarrollo que les hacen estar más o menos disponibles para determinadas actividades de aprendizaje. También en general, las grandes etapas de desarrollo físico están marcadas por grados de desarrollo intelectual.

Sin embargo, los juegos de sonidos y palabras no son los únicos que preparan al niño para una buena adquisición del lenguaje. Así, el famoso juego del escondite le ayuda a adquirir la noción de permanencia del objeto, que le será indispensable para utilizar bien las palabras que simbolizan los objetos y las personas. Es un buen momento para enseñarles órdenes sencillas, como «mira», «dame el juguete», «tira la pelota», que pronto empezará a conocer y a distinguir. Todos los juegos que estimulan los sentidos, en particular la escucha y la observación visual, aportan instrumentos que facilitan el acceso al lenguaje.

El descubrimiento del mundo, el encuentro con los demás abren el camino a la comunicación.

El juego del escondite es uno de los favoritos de los niños y consolida su relación comunicativa con los adultos.

12 Como todos los padres, estamos pendientes de las primeras palabras de nuestro bebé. ¿Cuándo y cómo va a pronunciarlas?

Las primeras palabras, tan esperadas, surgen en edades variables. Algunos niños dicen ya «mamá, papá» a los 9 meses, otros a los 10 meses, y otros todavía más tarde. Esta aparición, más o menos precoz, no tiene nada que ver con las futuras capacidades lingüísticas del niño.

Hacia los 7-8 meses pueden reconocerse incluso algunos términos identificables. En general, a esta edad, se producen por ecolalia, es decir, como una repetición automática e inmediata de lo que acaba de decir el adulto, o bien por repetición constante para aprender (es la costumbre que tienen muchos padres de decir frecuentemente y con insistencia una o dos palabras, siempre en las mismas situaciones familiares). Por esta razón, los niños dicen pronto «adiós» o «bien» sin ninguna identificación con un objeto o una situación, sin ninguna representación mental. El único interés de esta práctica en el plano del lenguaje consiste en un entrenamiento mecánico de los músculos y de los órganos que requiere la pronunciación.

Los especialistas del lenguaje estiman que el niño empieza a comprender un cierto número de palabras hacia los 9-10 meses. Pero resulta difícil medir la amplitud de esta comprensión; el niño, a menudo, necesita ser ayudado, ya sea por el contexto familiar o por el tono de su interlocutor. Ha memorizado la forma sonora de la palabra y la ha relacionado con una situación. Esta adquisición del significado de las palabras precede a su emisión. Hacia los 10 meses, el niño reconoce y se interesa esencialmente por los sonidos de su lengua materna, y uno o dos meses más tarde, su balbuceo solo contiene sonidos que ha oído decir a sus padres o a las personas que se ocupan de él. A partir del balbuceo, ha seleccionado un cierto número de sonidos que repite continuamente, mientras que deja otros de lado.

Lo que el niño pronuncia se llaman protopalabras, caracterizadas por asociaciones de sílabas a las que añade las entonaciones de su futura lengua. Las protopalabras tienen un significado puesto que siempre se emiten en circunstancias precisas, aunque

> Como ocurre con todo lo que se aprende, la palabra requiere del niño deseo y entrenamiento, puesto que las coordinaciones sensoriomotrices de la palabra son complejas y rápidas. También es básico que reciba unos estímulos breves, al menos en los primeros meses de vida, porque su período de atención es breve.

UN PEQUEÑO CONSEJO

En el estadio de las *protopalabras,* el papel de los padres es importante para la diversificación del vocabulario del niño y para la elaboración de una conversación compuesta por frases un poco más largas. Muchos padres aprovechan los intercambios con su bebé para despertar su curiosidad reclamando su atención («mira, escucha, nota») o señalando con el dedo cosas destacadas, o bien utilizando interjecciones («¡oh! ¡ah!»). En este estadio, la evolución del lenguaje del niño depende enormemente de la cantidad del lenguaje de sus padres y de todas las personas que se ocupan de él.

mientras pronuncia «ta» o «na», por ejemplo. El niño comprende la relación entre el objeto y la palabra que lo simboliza, un aprendizaje indispensable para acceder al lenguaje, porque el adulto, que está a su lado, da un significado a lo que él dice, que siempre es idéntico para los mismos sonidos.

Las primeras palabras, totalmente inteligibles, tardarán un tiempo en aparecer. En general se escogen por su facilidad de pronunciación y porque pertenecen al universo familiar del niño. Por ello, articula muy pronto «mamá» y «papá», unas palabras fáciles de decir y que ha oído mucho. Estas primeras palabras son tan esperadas por los padres que estos inmediatamente se dan cuenta de la más mínima asociación de sonidos que se les parecen.

En comparación con las proezas fonéticas del balbuceo, las primeras palabras a veces parecen pobres musicalmente, pero en general se apoyan en él. El estudio sistemático de estas producciones muestra una mayor frecuencia de palabras con sílabas con consonantes oclusivas, labiales o dentales, y vocales. Por su parte, los niños que han establecido su balbuceo con consonantes velares, como la «g» o la «k», las utilizan mucho en sus primeras palabras. Estas últimas son a menudo bisilábicas, compuestas por una sílaba repetida o por dos muy parecidas: son las típicas «popó, tata, pupa, pipi», etc.

El hecho de hablar no se debe únicamente a una maduración cerebral; el niño debe también adquirir la capacidad de mover voluntariamente y de forma coordinada todos los músculos de su aparato fonador.

pueden variar ligeramente. Así, «tete, pipa» puede significar «chupete»; o «aba», «agua». «Guaguau» es el nombre del perro de la casa, pero también del gato o de un animal de peluche. Poco a poco, el niño escoge siempre la misma protopalabra: por ejemplo, «chupete» se convierte en «tete». Por supuesto, los padres, muy atentos, son los que relacionan lo que dice el niño con el acontecimiento vivido.

Su interpretación se ve facilitada por los gestos del niño: tiende el dedo hacia el objeto que desea

13 ¿Por qué las primeras palabras que pronuncia un bebé son siempre «papá» y «mamá»?

¡Esto es lo que creen los padres y que tanto les gusta! De hecho, «papá» y «mamá» no son las primeras palabras que dice el niño, pero pertenecen al primer grupo que pronuncia.

Lo cierto es que los padres confunden su deseo con la realidad: interpretan lo que es solo un simple balbuceo como una manifestación afectiva consciente. El niño puede emitir sonidos que, para los padres, adquieren el valor de palabras, e inversamente, el niño puede decir algo que, en el estado de desarrollo del lenguaje en que se halla, para él es una palabra a la que las personas de su entorno no prestan ninguna atención.

El malentendido que lleva a los padres a creer que su hijo les nombra es algo positivo, porque les exhorta a dialogar todavía más con ese bebé que les reconoce como padres. Se convierten en papá y mamá por segunda vez.

UN PEQUEÑO CONSEJO

Cuando el bebé dice «mamá» o «papá» no está llamando a sus padres, sino que ante todo les nombra como a un objeto y luego como a alguien a quien se siente unido. Además, en la edad del balbuceo, es bastante frecuente que el niño diga «mamá» o «papá» a ambos progenitores sin establecer ninguna diferencia. Pero eso no debe ser motivo de preocupación porque para él tanto su madre como su padre pertenecen a la entidad padres. Les distingue perfectamente pero todavía no sabe calificarles con dos palabras distintas.

Sin embargo, «papá» y «mamá» pertenecen realmente al primer grupo de palabras del vocabulario del bebé. El lingüista Roman Jakobson ha aportado una prueba de ello al demostrar que la mayoría de los bebés de todo el mundo empiezan emitiendo los sonidos «ma, pa, ba». En su opinión, se trata de sonidos comunes a todos los seres humanos porque se basan en la fisiología humana.

El bebé, que todavía es incapaz de articular, emite una «a» espontáneamente cuando abre la boca, una «p» si mantiene los labios cerrados y una «m» si expira el sonido por la nariz. Roman Jakobson ha establecido que los primeros sonidos que se pronuncian se basan, en primer lugar, en la vocal «a», asociada a las consonantes «p, m, b, t, d», y luego, en una segunda etapa, en las vocales «o, i, e» y en la consonante «k». Existen otras etapas que indican su progresión, prácticamente siempre en el mismo orden.

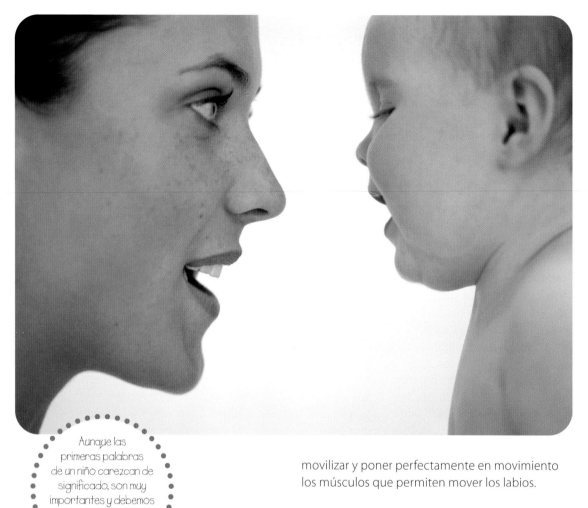

Aunque las primeras palabras de un niño carezcan de significado, son muy importantes y debemos animarles a repetirlas.

Por su parte, Claude Hagège hace esta reflexión sobre la palabra «madre» y sobre su forma familiar y afectiva «mamá». En un gran número de lenguas, la palabra «madre» empieza por una consonante bilabial («m, p» o «b»). Estas consonantes se llaman así porque se pronuncian con los dos labios, lo que al bebé le resulta relativamente fácil. Este, desde su nacimiento y gracias al reflejo de succión, sabe movilizar y poner perfectamente en movimiento los músculos que permiten mover los labios.

Pero existen algunas lenguas en que la palabra «madre» empieza por una «a», una vocal abierta, que el niño también pronuncia muy precozmente. Sea cual sea la lengua, la forma familiar que equivale a «mamá» tiene las mismas características.

Los diferentes estudios concluyen que los bebés de todo el mundo son sensibles de forma innata a las tres categorías de sonorización (presonoro, sonoro, sordo), pero esta sensibilidad se decanta hacia los sonidos propios de la lengua materna, de forma que pierde la capacidad de distinguir los fonemas que no utiliza su entorno.

14

La psicoanalista Françoise Dolto ha dicho: «Todo es lenguaje». ¿Qué significa esta expresión?

Françoise Dolto ha desarrollado esta expresión a lo largo de su vida. El lenguaje es, por supuesto, el de las palabras, pero también el de la gestualidad y el cuerpo.

El niño, desde su nacimiento, pone todos sus sentidos al servicio de la comunicación: observa y escucha, y establece así un vínculo y un significado con el lenguaje y con el mundo que le rodea. Las palabras le resultan indispensables para intelectualizar las situaciones y memorizarlas para, más tarde, ser capaz de reaccionar ante todas las situaciones. El bebé, que todavía es incapaz de expresarse con palabras, oye y recibe «sonidos-palabras». No puede darles un significado exacto, pero su intuición le enseña muchas cosas sobre la relación afectiva que el adulto tiene con él.

El niño, desde el inicio de su vida, piensa en términos de lenguaje, y su comprensión solo tiene lugar por instinto. Poco a poco, retiene las palabras acompañadas por expresiones de la cara, caricias y gestos. Las sensaciones que siente, agradables o desagradables, las relaciona con palabras. Con el tiempo, y si la comunicación madre-hijo y padre-hijo se ha desarrollado de forma natural aportándole verdaderas informaciones, es capaz de comprenderlo todo. Según Françoise Dolto, al niño no hay que ocultarle nada, se le puede explicar todo.

Las palabras permiten que el adulto haga comprender al niño qué es la realidad y le aportarán el sentido del presente, del futuro y del pasado. Las palabras, en particular en el momento de la indispensable separación para que el niño adquiera autonomía, se convierten entonces en «palabras auditivas» de transición, que le ayudan a soportar la ausencia de las personas a las que está más apegado. De igual forma, la autoridad y la disciplina solo pueden expresarse con palabras: la conversación tiene un valor inigualable en esta tarea educativa.

UN PEQUEÑO CONSEJO

En sus libros y conferencias, Françoise Dolto siempre aconseja a los padres que expliquen al niño con palabras simples pero adecuadas el por qué de las cosas y de los acontecimientos. Este principio se aplica a las cosas corrientes, como la prevención de los peligros o la educación respecto a la limpieza, pero también a los acontecimientos profundamente cargados de emoción como los relacionados con la muerte, un divorcio, problemas financieros o riñas familiares. Respetar al niño no significa excluirle de ningún acontecimiento familiar.

15 Cada miembro de nuestra pareja tiene una lengua materna diferente, ¿puede nuestro hijo ser bilingüe desde la cuna?

En el momento del nacimiento y hasta alrededor de los 6 meses, los bebés están dotados para todas las lenguas. Sin embargo, tienen ya una clara preferencia por la lengua que han oído en el útero, la lengua materna en el sentido literal de la palabra.

Según parece, el niño reconoce la lengua materna esencialmente por la entonación. Es totalmente capaz de comprender varias lenguas, incluso de ser bilingüe desde muy temprana edad. El mejor momento para aprender una o dos lenguas sigue siendo el primer año, debido a la excepcional capacidad de percepción y de imitación que posee el niño en este momento. Los mejores resultados se dan, sin duda alguna, en las familias en que cada miembro de la pareja tiene una lengua materna diferente, o en las familias inmigradas, siempre que los padres cultiven con fervor su lengua de origen.

El éxito en este aprendizaje precoz está relacionado con la calidad de las respuestas de la madre o el padre al balbuceo de su hijo y a sus relaciones afectivas. El niño realizará el mismo proceso de aprendizaje en el caso de cada lengua: escucha y selecciona los sonidos interesantes de cada lengua.

El bilingüismo no plantea ningún problema al bebé que tiene un buen desarrollo. En cambio, en los niños con dificultades, puede ser un factor agravante.

Los bebés son capaces de percibir sonidos desde el vientre materno y reconocerán la voz de su madre al nacer.

UN PEQUEÑO CONSEJO

Para que el bilingüismo se interiorice sin dificultad en el niño es recomendable que cada uno de los miembros de la pareja de lengua diferente le hable de forma natural, en su propia lengua y únicamente en esta lengua, porque el niño necesita tener referencias fijas.

16 Según parece, los balbuceos difieren según los países de origen del bebé. ¿El balbuceo está marcado por la lengua materna?

Los lingüistas que han estudiado el balbuceo de niños de diferentes países han constatado que dichos balbuceos se parecen mucho, pero que nunca son realmente idénticos. Las entonaciones y las acentuaciones marcan las diferencias a partir de los 8 meses.

La universalidad del balbuceo infantil se explica por la presencia de un cierto número de sonidos comunes a todas las lenguas, que requieren movimientos articulatorios idénticos, en particular las vocales. Pero como el niño crece en un entorno en el que se le habla una lengua concreta, sus experiencias lingüísticas se verán poco a poco influidas por la lengua de sus padres.

El desarrollo del lenguaje pasa necesariamente por una fase de selección de los sonidos útiles para comunicarse, por lo que el niño dejará de lado poco a poco las producciones sonoras ajenas a su lengua materna. El balbuceo de un niño de 14-16 meses está claramente marcado por su lengua materna. Los lingüistas consideran que un bebé en este periodo ya adquiere algunas de las características de pronunciación inherentes a la lengua en la que se le habla.

Todo ello es el resultado de un aprendizaje. Según el origen de su lengua materna, los niños no analizan de la misma forma lo que les dicen sus padres. Los niños españoles distinguen las sílabas de forma particular, y cuanto más largas son, más rápidamente las reconocen.

En los diez primeros meses de vida, el niño está predispuesto para hablar en cualquier lengua.

Incluso son capaces de reconocer unos contrastes fonéticos muy matizados, como por ejemplo «pa» y «ta». Les gustan las sílabas compuestas por una sola vocal. Hay variaciones de interés según el idioma: los niños ingleses se fijan en los acentos tónicos mientras que los japoneses distinguen los cambios de tono en una misma sílaba característicos de su lengua materna.

La distinción de diferentes sonidos viene condicionada por la lengua materna y su experiencia lingüística.

17 ¿Cuáles son los objetos que pueden favorecer el desarrollo del lenguaje en nuestro hijo?

Actualmente, los libros pasan a formar parte muy pronto del universo lúdico de los bebés. Tanto si son de cartón, como de tela o de plástico, son instrumentos importantes del lenguaje. El libro permite que el niño, a partir de los 10-11 meses, acceda a un mundo diferente del que le rodea y amplíe su universo hacia lo imaginario o lo real.

Según parece, entre los 12 y los 18 meses, el niño está listo para aprender mucho y con una gran facilidad, sobre todo su lengua materna. Las exhortaciones y las propuestas tienen mucho éxito en este momento.

La palabra escrita constituye siempre un distanciamiento respecto a las situaciones vividas. Regalar un libro a un niño tan pequeño significa también que se quiere establecer con él una conversación afectiva. El niño valora todavía más este objeto si sus padres lo hojean con él, le leen las imágenes, le explican los textos y le adornan las historias. El libro tiene la función de simbolizar el paso del lenguaje hablado al lenguaje escrito.

También se ha comprobado que los niños a los que más tarde les gustan los libros son los que han tenido relación con ellos en el momento en que empezaban a pronunciar las primeras palabras.

Los niños son sensibles al ritmo de la narración que se les lee, saben rápidamente que los signos escritos en las páginas tienen un significado. Aunque las palabras o los giros de las frases a veces parezcan difíciles, es importante leerlas tal como son para propiciar en el niño el gusto por la musicalidad de las palabras, para enriquecer su vocabulario y familiarizarle con las formas gramaticales. Al niño le gusta particularmente oír las mismas historias, por lo que los padres pueden repetirlas incansablemente. La estabilidad de la narración tiene para él la gran virtud de darle seguridad.

UN PEQUEÑO CONSEJO

El libro ideal puede definirse como el que el niño mira y escucha con placer, que le ofrece una historia que se repite y con referencias de su vida cotidiana sin que sea una copia de ella, en el que encuentre emociones que conoce bien y que le proporcionen una vida afectiva fantástica.

El hecho de explicar un cuento a un niño hace que amplíe su vocabulario y le facilita el paso a la lengua escrita.

Los padres también pueden ayudar a su hijo a entrar en el mundo del lenguaje cantándole o contándole cuentos. Estos poseen unas virtudes increíbles. Además de ser curiosos y poéticos, enriquecen el vocabulario, ayudan a descubrir el cuerpo y el esquema corporal, enseñan al niño a memorizar y le inician en las nociones de espacio y tiempo.

Se ha constatado que muchos juguetes didácticos como los tableros de actividades o incluso el simple móvil que se balancea sobre la cama del niño favorecen las vocalizaciones. Algunos sonajeros tienen la forma de un teléfono, pero este juguete no será realmente útil en el desarrollo del lenguaje hasta más tarde, cuando se pueda jugar con el niño a simular.

SABER +

La mayoría de las palabras que designan a las acciones que realizamos con nuestros hijos y casi todas las personas, objetos o lugares que intervienen en esas acciones se incorporan a su vocabulario. Comenzando por las acciones más cotidianas y rutinarias, como el baño, la comida, los juegos en casa o los paseos por la calle, hasta aquellos que suceden de modo ocasional, una visita al pediatra, la compra en el mercado o una excursión por la montaña son buenos motivos para enriquecer el vocabulario de los niños, sobre todo si somos conscientes de esas novedades y sabemos distinguir y repetirles qué nombres son interesantes para su experiencia: el nombre de una fruta poco frecuente en casa (los lichis, la papaya), el nombre de un aparato médico (el fonendoscopio), el de un animal del zoológico (el guacamayo, el antílope o el mapache) o el de un árbol o un arbusto (la encina, el pino negro, el álamo, o el romero, la retama y el tomillo).

18 Nuestro hijo pronto irá a la guardería. ¿La vida en comunidad favorece el aprendizaje de la palabra?

La observación de los niños de pocos meses en las guarderías pone de manifiesto que los bebés no necesitan hablar para comunicarse. Incluso resulta sorprendente constatar que se forman parejas de compañeros en los primeros meses de vida común.

Puestos uno frente a otro, la comunicación entre dos niños se establece en primer lugar con la mirada: a los 4 meses, pueden mirarse más de 15 minutos sin rechistar, concentrándose en la cara y las manos del otro. Luego intentan tocarse mutuamente; el más despabilado hace el primer gesto. Si uno de los dos aparta la mirada, atraído por otra persona, su interlocutor hace entonces un gesto con la mano para volver a establecer el contacto y el intercambio.

Un buen desarrollo del lenguaje requiere el encuentro precoz con otros niños, en el que los más dotados ayudan a expresarse a los que tienen más dificultades. Los niños están pendientes de la comunicación; eso es algo que puede observarse perfectamente cuando están en grupo. En la edad de la guardería y del «gateo», los intercambios son permanentes. Los niños se tocan entre ellos, se hablan. Incluso se observa un fenómeno curioso: el adulto que quiere intervenir en sus juegos provoca un silencio inmediato. Así resulta patente que los niños que reclaman más relaciones con los de su edad a menudo son niños que no pueden «decir» a sus padres todo lo que quisieran, porque estos intentan imponerles un modelo de pensamiento.

Cuando crecen, los niños establecen entre ellos un auténtico código de comunicación gestual, reconocido por todos. Los más activos son en general los que requieren a los demás y les empujan a la relación, manifestándose con expresiones de la cara particulares, gestos y vocalizaciones. Sus interlocutores responden con sonrisas, inclinaciones laterales de la cabeza y balanceo de los brazos y de la parte alta del

UN PEQUEÑO CONSEJO

No se inquiete si su hijo muerde a los otros niños ni se enfade si al suyo le ha mordido uno de sus amiguitos. El niño que muerde manifiesta así su avidez de comunicación y demuestra su amor. Es preferible no castigarle, puesto que el castigo le lleva paradójicamente a creer que este comportamiento es una forma de comunicación, activa y duradera, con los demás. Simplemente hay que hacerle comprender que hace daño a los demás y explicarle que existen otros medios para establecer un contacto con ellos.

En sus primeras etapas, los bebés intentan comunicarse entre ellos con las miradas, los gestos y el contacto.

cuerpo. Estos comportamientos se dan en los niños a los que les gusta establecer contactos.

Otros niños se expresan de forma agresiva, con gestos claros: abertura repentina y pronunciada de la boca con una vocalización aguda, después de lo cual cogen el objeto que desean. Entre los gestos más frecuentes de este lenguaje gestual, existe todavía «la ofrenda», el don de un objeto real o ficticio, o incluso el gesto de ofrecer, con la palma de la mano hacia arriba y abierta, para simular. Este gesto tiene también el efecto de tranquilizar a los niños que lloran, aunque la ofrenda la haga el que ha provocado el llanto, así como de acabar con los comportamientos agresivos.

Otro estudio realizado por dos equipos universitarios muestra una mejor adquisición del

En el parvulario, al igual que en la guardería, el bebé que es capaz de comunicarse buscará en todo su entorno las palabras, los signos y todas las posibilidades de desarrollo que no le ofrece su medio. Por tanto, se produce un enriquecimiento.

lenguaje en los niños que acuden a las guarderías. Según parece, la pluralidad de los adultos que les atienden obliga al niño a recurrir al lenguaje para hacerse comprender, mientras que la relación a dos deja más espacio a lo implícito. El cuidado de una asistente especializada es el mejor método posible en este terreno.

La lengua es el elemento fundamental para que el niño pueda relacionarse con su entorno y favorece el desarrollo de su personalidad. El contacto con otros niños, dentro y fuera de la guardería, contribuye al desarrollo de su lenguaje y facilitará el enriquecimiento de su vocabulario, así como su sociabilidad.

Las principales referencias en la evolución del lenguaje

DE 1 A 6 MESES

Desarrollo psicomotor

Al 1er mes
- El niño levanta la cabeza de vez en cuando.
- Puesto boca abajo, repta.
- Se sienta si se le sostiene.
- Sigue con la mirada un objeto de colores vivos.
- Fija la mirada en la cara de sus padres y deja de llorar cuando se le acercan o cuando oye su voz.

A los 2 meses
- Sentado, mantiene la cabeza erguida durante un corto periodo.
- Boca abajo, levanta la cabeza y los hombros.
- Se gira de lado apoyándose en la espalda.

A los 3 meses
- Cuando está sentado, mantiene la cabeza erguida.
- Boca abajo, se apoya en los antebrazos.
- Tira de la sábana y se la acerca.
- Sostiene un sonajero y lo agita con movimientos involuntarios.
- Juega con las manos. Gira la cabeza para seguir un objeto.

A los 4 meses
- Boca abajo, extiende las piernas, y echado de espaldas, levanta la cabeza y los hombros.
- Intenta coger el juguete que le muestran.
- Sacude vigorosamente el sonajero mientras lo mira.

A los 5 meses
- Se mantiene sentado con un ligero apoyo.
- De pie, empieza a apoyarse en las piernas.
- Recoge el sonajero que está a su alcance.
- Coge un cubo y lo sostiene mientras mira el segundo.
- Tiende la mano hacia un objeto que le ofrecen. Sonríe al espejo.
- No le gusta estar demasiado rato solo.

A los 6 meses

• Puede soportar su peso con las piernas, si se le sostiene estando de pie.
• Permanece sentado unos instantes, bien instalado en su asiento. Con los muslos separados y los ojos muy abiertos, descubre el mundo.
.• Sostiene firmemente en la mano sus primeros juguetes. Cuando los objetos son más grandes, utiliza las dos manos para llevárselos a la boca y devorarlos con entusiasmo.
• Utiliza la palma de la mano para coger y sostener objetos, sobre todo la parte próxima al dedo meñique.

Desarrollo del lenguaje

Al 1er mes

• Reacciona frente a los ruidos.
• Reconoce la voz de su madre.
• Emite pequeños ruidos guturales.
• Deja de llorar cuando se le habla.

A los 2 meses

• Emite algunas vocalizaciones.
• Da pequeños gritos de alegría.

A los 3 meses

• Emite lalaciones.
• Una de sus expresiones favoritas es «agú».
• Le encanta que le hablen.

A los 4 meses

• Responde a la voz con vocalizaciones.
• Se ríe a carcajadas.
• Gira la cabeza cuando se le llama.

A los 5 meses

• Da gritos de alegría mientras manipula los objetos.
• Empieza los juegos de variaciones sonoras, de imitación y de entonación.

A los 6 meses

• Disfruta haciendo gorgoritos para pronunciar las erres en el fondo de la garganta.
• Hace chasquidos con la lengua.
• Responde incansablemente a los requerimientos de sus padres.
• Reconoce su nombre.

DE 6 MESES A 1 AÑO

Desarrollo psicomotor

A los 7 meses
• Se mantiene sentado solo durante un corto momento.
• Coge dos cubos, uno en cada mano, y coge los objetos con la mano arrastrándolos.
• Se lleva los pies a la boca.
• Tiende la mano al espejo.

A los 8 meses
• Se yergue para sentarse y se mantiene sentado.
• De pie, se sostiene con las piernas jugando.
• Coge los objetos con el pulgar y pasa fácilmente un objeto de una mano a otra.
• Participa en el juego del escondite.
• Reconoce sus juguetes favoritos y le encanta acariciar los peluches.
• Busca los juguetes que ha perdido y le encanta tirarlos al suelo.

A los 9 meses
• Se mantiene en pie con apoyo y hace movimientos de marcha si se le sostiene.
• Anda a cuatro patas.
• Coge las cosas con el pulgar y el índice.
• Sacude un juguete con un hilo y agita un cascabel.
• Sabe hacer algunos gestos repetitivos.
• Empieza a tener miedo de las personas que no le resultan familiares.
• Muerde a menudo.

A los 10 meses
• Se pone de pie gracias a un punto de apoyo, se mantiene así sujetándose y levanta un pie.
• Encuentra un objeto escondido.
• Pone un objeto dentro de otro y busca el objeto escondido en otro.
• Imita las expresiones y los gestos.
• Pone a prueba a sus padres en las comidas y al irse a la cama.

Al año
• Se mueve solo a cuatro patas. Si es precoz, se mantiene en pie «como un niño mayor», apoyándose en los muebles o totalmente solo. Anda junto a los muebles y avanza, si se le coge de la mano.

- Sostiene él solo, con las dos manos, su taza de leche, recoge las migajas de su comida y hace sus primeros dibujos.
- Coge los objetos formando una pinza con el pulgar y el índice.
- Expresa sus sentimientos, a menudo amor, a veces celos, y de vez en cuando pone a prueba su poder sobre sus padres haciéndoles rabiar.

Desarrollo del lenguaje

A los 7 meses
- Conoce la correspondencia entre el movimiento de los labios y el sonido emitido.
- Balbucea pronunciando alternativamente sílabas y consonantes.

A los 8 meses
- Le encanta dar golpes y hacer ruido.
- Asocia sílabas: «ba-ba, da-da».
- Inicio de comprensión de las palabras si están en su contexto.
- Algunos niños son curiosamente silenciosos.

A los 9 meses
- Se expresa en su lengua materna.
- Balbucea emitiendo sonidos compuestos de dos sílabas.
- Sabe hacer los gestos de «muy bien» y «adiós».

A los 10-11 meses
- Reconoce un sonido.
- Imita expresiones y gestos.
- Comprende «no».
- Reconoce las palabras fuera de su contexto y comprende una treintena en su contexto.
- Su expresión está claramente marcada por su lengua materna.
- Dice las primeras palabras.

Al año
- Da una orden.
- Dice 3 palabras y enriquece su vocabulario con de 6 a 8 palabras extraídas de sus actividades favoritas: comer, salir, jugar, besar.
- Empieza a comprender las preguntas simples y las nociones de «dentro, fuera, aquí» y «allí».
- Imita a los animales.
- Consigue pronunciar el inicio o el final de las palabras.
- Dice «papá» y «mamá».

de los 2 a los 4 años

Nunca, en ningún otro momento de su vida, el niño tendrá tanta capacidad para el lenguaje. Descubre las palabras y se apropia del mundo.

19 ¿Cuál será la evolución del lenguaje de nuestro hijo después del primer año?

Después del primer año, la adquisición del lenguaje entra en una fase de locución, en la que el niño aprenderá palabras y luego se expresará con «palabras-frases», compuestas esencialmente por palabras yuxtapuestas.

Durante este periodo, los padres, todavía más que antes, animan a su hijo a que les imite proponiéndole repetir dos y luego tres fonemas. El niño coopera aún más de lo que se le propone porque aprender forma parte de su universo. Pero las palabras no surgen de un día para otro. El niño vacila: utiliza, según los casos, protopalabras o grupos de sílabas muy parecidas a la palabra que quiere decir. El niño no elabora su vocabulario repitiendo lo que le dice el adulto como si fuera un loro, sino que imita y se toma el tiempo de analizar los sonidos y reflexionar sobre cómo va a pronunciarlos. Por otra parte, se siente atraído por las palabras nuevas y las inesperadas. Poco a poco, el niño elabora su sistema de pronunciación, simplificando los términos que todavía no consigue decir correctamente por razones mecánicas. Incluso puede evitar decir palabras demasiado complicadas para él, palabras cuyo significado entiende pero que sabe pertinentemente que le resultan imposibles pronunciar. Los primeros términos a menudo se seleccionan debido a su facilidad de pronunciación. Es el momento en que el niño «inventa» vocablos que le sirven para designar objetos familiares; solo sus padres son entonces capaces de traducirlos. Algunas palabras, que los psicólogos llaman «palabras maleta», sirven también para nombrar varias cosas. Muy a menudo, los padres interpretan estas primeras palabras como peticiones. De hecho, en general, el niño las utiliza simplemente para designar un objeto, una persona o un acontecimiento.

Entre las primeras palabras que dice el niño se halla casi siempre «no», que expresa un simple rechazo de situación; solo un poco más tarde, hacia los 2 años, esta palabra adquirirá todo su valor de oposición.

Aprender a hablar requiere una actividad cerebral en la que la inteligencia desempeña un papel importante: el niño debe hacer corresponder un objeto, una persona, un acto, y más tarde un pensamiento con una forma sonora, una palabra y luego una frase.

UN PEQUEÑO CONSEJO

Nada mejor que un libro con ilustraciones para aprender a nombrar los objetos de la vida cotidiana. Al niño le gusta mirar las imágenes, las de las cosas y los animales que le rodean. En primer lugar, sabe reconocerlos cuando se le nombran y empezará a repetir su nombre después de que lo hagan sus padres.
Las primeras lecciones de lenguaje serán eficaces si los padres parten de lo que el niño conoce y luego le proponen enunciados nuevos, de los que una parte le resulta comprensible.

El primer vocabulario que adquiere un niño está relacionado con sus actividades cotidianas, entre las que figura el juego.

El prelenguaje está esencialmente relacionado con la vida cotidiana, en particular con todo lo que tiene que ver con las comidas, el sueño, los juegos..., en resumen, con todo lo que le resulta próximo al niño. La riqueza y la naturaleza de este primer vocabulario se refieren esencialmente al medio familiar. En este estadio, todavía más que en los precedentes, el surgimiento y el enriquecimiento de la palabra son una cuestión de interacción entre el adulto y el niño. Veamos, por ejemplo, cómo adquiere el verbo «beber»: el niño tiene hambre, grita, su madre le da el biberón mientras le habla con una voz suave para consolarle y ayudarle a tener paciencia. Entonces el niño se siente feliz, invadido de placer. Poco a poco, relacionará el sonido de la palabra «leche» o «biberón» con el propio objeto y pronto establecerá una relación entre estas dos palabras y la acción de beber.

La adquisición inteligente de las simbolizaciones se hace por etapas y ayuda al surgimiento del lenguaje, permitiendo que el niño relacione el objeto visto con los sonidos que lo designan. Esta simbolización será más rápida si el niño siente que le resulta útil y placentero controlar la lengua. Durante el segundo año, el niño adquiere una mayor comprensión del lenguaje. Aunque su vocabulario sea todavía aproximado, aprende que una misma palabra puede tener varios significados. Los padres no deben preocuparse si su hijo a veces parece que se estanca en la adquisición de nuevas palabras de vocabulario, porque muchas veces comprende más de lo que dice.

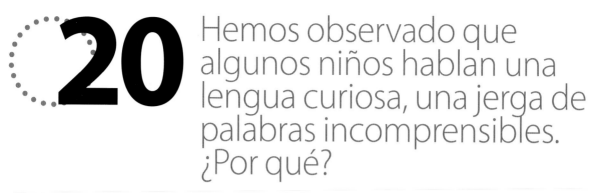

20 Hemos observado que algunos niños hablan una lengua curiosa, una jerga de palabras incomprensibles. ¿Por qué?

Muchos niños, hacia los 18 meses, se expresan de manera sorprendente, sueltan largos discursos que se parecen y hacen pensar que son verdaderas frases que se encadenan en un tono de conversación.

La persona que escucha al niño con atención reconoce a veces algunas palabras, pero en general el raudal de palabras es tal que resulta muy difícil comprender algo de esta jerga.

Generalmente, el niño escoge esta forma de expresión cuando está en sociedad, se mantiene una conversación animada a su alrededor o cuando juega con el teléfono. El niño se halla en un estadio intermedio: conoce la musicalidad de la lengua, pero no todas sus sutilezas. Su balbuceo está compuesto por sonoridades de las palabras de su lengua aprendida por imitación.

Su experiencia le ha enseñado que no todo se dice en el mismo tono. Juega con las entonaciones del lenguaje corriente, que se construye con preguntas, exclamaciones, peticiones, reprimendas. El niño imita la melodía de los discursos de los adultos sin diferenciar las palabras. Cuando pase al estadio de la palabra y la frase, sabrá utilizar tonalidades que habrá experimentado para hacerse comprender por sus familiares. Los lingüistas, que analizan esta forma de expresión de manera distinta a los padres, han advertido un cierto número de secuencias silábicas estables que

siempre corresponden a las mismas situaciones, sumergidas en un flujo de creación pura.

A los padres, a menudo, les divierte esta forma de hablar, en particular cuando constatan que su hijo

El niño utiliza esta jerga sobre todo por la noche, en la cama. Practica las inflexiones, se ejercita en pronunciar palabras, en construir frases, y demuestra que se prepara para hablar.

UN PEQUEÑO CONSEJO

Los padres no deben demostrar demasiado al niño que le comprenden, no deben convertirse en sus traductores y así le ayudarán a progresar. Cuando distingan claramente palabras en la jerga de su hijo, pueden ponerlo de manifiesto y repetirlas al niño. Es una manera de ayudarle a entrar en la etapa siguiente. Deben saber que el niño, en primer lugar, intenta pronunciar nombres y deja de lado por el momento los verbos, los adjetivos y los adverbios. Hacia los 15 meses, la edad clásica de la jerga, los niños manifiestan una frustración real por no poder hablar, mientras que comprenden casi todo lo que se les dice.

les imita, después por ejemplo de una conversación un poco alterada entre ellos o por teléfono. También resulta sorprendente constatar que esta jerga está muy marcada por la lengua materna hasta el punto de que una persona extranjera podría no comprenderla. Esta jerga no perjudica en absoluto el desarrollo normal del lenguaje, sino que lo prepara.

21 Durante el segundo año, el niño aprende muchas palabras nuevas. ¿Cómo lo hace?

La adquisición del vocabulario se realiza, al principio, en gran parte por diferenciación de una palabra genérica. Así, «guauguau», que para él significaba todos los animales, va a perder poco a poco su sentido global gracias a la experiencia.

Esta onomatopeya coexistirá con «miau» para designar al gato o con otras semejantes hasta que signifique solo «perro», una palabra que el niño está entonces preparado para pronunciar y que cohabitará durante algunos días o algunas semanas todavía con «guauguau», que es más fácil de pronunciar.

A los 2 años, el niño utiliza 200 palabras, a los 2 años y medio dispone de 700 a 800 palabras, de 1 000 a 1 500 entre los 3 años y medio y los 5. Pero existe una gran variabilidad entre los niños, lo cual no permite hacer un diagnóstico.

El niño considera la palabra como un todo y lo que memoriza es su melodía. Alrededor de los 18 meses-24 meses, se da cuenta de que la composición de las palabras obedece a unas reglas que intenta respetar, al mismo tiempo que es capaz de inventar otras a partir de su lógica personal. La adquisición del vocabulario, que se convierte en una auténtica explosión de lenguaje entre los 12 meses y los 4 años, no se produce a un ritmo constante. El número de palabras nuevas aprendidas aumenta progresivamente entre los 12 y los 18 meses.

Cualquier ocasión es buena para enseñar a los niños nuevas palabras, de forma que vayan ampliando su vocabulario.

Más tarde, cuando aparece la función simbólica, la cadencia se acelera bruscamente y el niño, a veces, puede aprender hasta 20 palabras nuevas al día. Las palabras adecuadas para diferenciar las cosas, los animales y las personas las dirá por contraste y oposición.

Así, aparecerán categorías: el animal «perro» se definirá un día, hacia los 4-5 años, como un caniche, un perro pastor, un terrier, etc.

Hay que esperar a que el niño haya adquirido un buen control de la lengua para que juegue realmente con las palabras. Solo será capaz de esta proeza cuando tenga alrededor de 1 año.

UN PEQUEÑO CONSEJO

Puede suceder que el niño diga palabras muy extrañas o que las asocie de forma poco usual. Estas primeras palabras del niño son fortuitas e involuntarias a los 2 años. Los padres deberían escribir estas expresiones en un cuaderno para estar seguros de no olvidarlas.

22 ¿Cuándo pasará de la palabra a la frase nuestro hijo?

A partir de los 18 meses, el niño empieza a expresarse con frases. Primero se trata de frases de una palabra, monosilábica, formada por la última sílaba de la palabra que quiere expresar, o bisilábica, compuesta por una misma sílaba repetida.

El niño también puede utilizar onomatopeyas o un vocabulario procedente del lenguaje de «bebé», empleado por los adultos para hablarle. La mayoría de los niños tienen en este momento a su disposición una cincuentena de palabras, de las que cambian la entonación para pasar de la «frase constatación» a la que expresa una demanda.

Luego el niño intenta asociar las palabras para construir embriones de frases: «mama aba», «no tero». Al igual que con las palabras, experimentará y vacilará antes de conseguirlo. Empieza, evidentemente, con frases compuestas por un nombre y un verbo, en general relacionado con una acción: «ir, salir, pasear, parar», etc.

Estas frases no son perfectas, pero son lo bastante comprensibles para que resulten eficaces. Para poder progresar, el niño procede por analogías y luego asocia esas analogías a experiencias vividas. Diariamente distingue palabras nuevas en el discurso de sus padres, formas desconocidas que puede utilizar.

A medida que pasan los meses, el niño perfecciona cada vez más su pronunciación y dice frases de tres,

A los niños les encantan los *juguetes* que hacen ruido y esos sonidos pasan, *muchas* veces, a formar parte de las onomatopeyas que utilizan para nombrarlos; así, un teléfono se convierte en un «ring».

cuatro y hasta cinco palabras. Cada vez expresa con mayor claridad lo que quiere decir. Su progreso no es regular, ya que hace frecuentes regresiones.

No todos los niños construyen frases a la misma edad, sino que se dan grandes diferencias. Algunos prefieren perfeccionar su vocabulario antes de decir frases, mientras que otros asocian muy pronto las palabras.

UN PEQUEÑO CONSEJO

Se constata a menudo que los niños menos precoces en la pronunciación de palabras son los primeros que dicen frases. En general emplean expresiones como «no quiero», «ten», «es bonito», que luego combinan con palabras para constituir pequeñas frases.

23 ¿Plantea la gramática unas dificultades particulares al niño en el aprendizaje de la lengua?

Los adultos siempre tienen la impresión de que aprender las reglas gramaticales es lo más difícil de una lengua. Ello, sin duda, es cierto para un adulto que aprende otra lengua que no sea la propia, pero no ocurre lo mismo con un niño que se inicia en su lengua materna.

> A partir de los 20-24 meses, los niños utilizan los artículos y los indicadores de género. Sitúan bien los complementos directos. También son capaces de utilizar adecuadamente expresiones para negar o pedir más.

El niño adquiere las reglas de base de la sintaxis con una rapidez sorprendente. Este don tan particular tiene sin duda una base innata, reforzada por la estructura de los juegos de lenguaje entre adultos y niños. Los padres intentan respetar la sintaxis de la lengua y ayudan así al niño a hablar con un lenguaje correcto. En general, cuando el niño empieza a decir frases, mantiene casi siempre el orden de las palabras que impone su lengua materna. Y los niños bilingües respetan en su mayoría el orden de las palabras característico de cada una de las dos lenguas, y rara vez invierten las palabras.

La sintaxis se aprende por tanteo. Los adultos, al decir la frase en su forma correcta, sirven de guía. Proporcionan al niño un modelo que este puede utilizar directamente, o que le ofrece una combinación sintáctica que ignoraba hasta entonces y que va a aprovechar. Hará falta cierto tiempo antes de que el niño utilice la primera persona. Habla de sí mismo en tercera persona o utilizando su nombre. El «mío» precederá algunas semanas al «yo». Luego, sus preocupaciones y su lenguaje evolucionarán y ya no

> La expresión «el juguete es del nene» precede a la forma «el juguete es mío», que aprenderá por imitación.

estarán centradas únicamente en sí mismo. Todavía vivirá algún tiempo en el presente sobre todo, y luego comprenderá el futuro inmediato. Pronto será capaz de referirse a un objeto oculto o a una persona ausente, y recordará un acontecimiento inmediatamente pasado, pero la noción real de pasado será más tardía. Gracias al desarrollo de la memoria y a una adquisición importante, «la

permanencia del objeto», el niño puede representar un objeto o una persona que no están ante sus ojos. Entonces sabe que el objeto existe sin tener que verlo o tenerlo entre las manos. Esta noción es fundamental para el desarrollo del lenguaje, puesto que la palabra es la representación simbólica de algo o de alguien presente o imaginado. La noción de permanencia del objeto se adquiere con todos los juegos de escondite.

24 ¿Por qué los niños de muy corta edad no consiguen pronunciar correctamente las palabras de entrada?

Las dificultades de pronunciación de los niños se deben en gran parte a un aparato fonador diferente del que tiene el adulto. La evolución de este aparato es lo que permitirá que el niño se exprese cada vez con mayor claridad.

Efectivamente, a lo largo de los meses, la laringe del niño se modifica y adquiere la curvatura en ángulo recto necesaria para una articulación del lenguaje. Su lengua se afina y se alarga y puede moverse de delante atrás, mientras que la aparición de los dientes le obliga al mismo tiempo a hacer retroceder la lengua en la boca. Solo a los 4 años el niño adquiere el control total de sus labios y de la punta de la lengua. Por tanto, es totalmente normal que un niño de 2 años tenga todavía algunas dificultades de pronunciación.

Las más clásicas son el ceceo, dificultad para pronunciar la letra «s» y la dificultad para pronunciar correctamente la letra «r». Estas ligeras dificultades tienen un origen diferente, que puede ser tanto de orden fisiológico como psicológico.

La incapacidad para pronunciar las «s» correctamente se debe a un defecto de deglución, asociado a un mal posicionamiento de la lengua. Se trata de un recuerdo de la época en que el bebé todavía se alimentaba del

UN PEQUEÑO CONSEJO

Para ayudar al niño a saber pronunciar la letra «r», los logopedas aconsejan a los padres algunos juegos que a los niños les encantan. Uno de ellos consiste en imitar sonidos que incluyan la letra «r», como, por ejemplo, el sonido de un coche o el de una moto. También se puede enseñar al niño canciones en las que predomine la letra «r». Así pues, ¿por qué no organizar en casa un concurso de vehículos ruidosos?

seno materno o con biberón. Para mamar, el niño interpone la lengua entre las encías. Normalmente, tras la aparición de los dientes de leche, la lengua permanece en el interior del arco dental, pero puede suceder que mantenga el posicionamiento anterior. Además, al niño a menudo le molesta la lengua, que es un poco voluminosa en relación con su boca. Todavía deglute como un bebé, se mete en la boca el pulgar, una tetina o su objeto preferido. También puede ocurrir que quiera seguir siendo «el bebé de mamá». En resumen, el niño tiene un montón de buenas razones para no pronunciar las sibilantes correctamente y manifiesta un ceceo más o menos pronunciado.

Si el niño cecea, es preferible no intervenir. Este trastorno, que desaparecerá de forma natural hacia los 3-4 años, tiene todas las posibilidades de subsistir si los padres ejercen demasiada presión: si exigen a su hijo que repita correctamente después de ellos la palabra mal pronunciada provocan en él una crispación de la lengua y de los labios y la producción de sonidos hipertónicos. El ceceo puede entonces intensificarse y convertirse en un auténtico trastorno que requiera una reeducación. Los demás defectos de pronunciación se deben a menudo al simple hecho de que el niño no ha descubierto de forma natural la posición de la lengua y de la boca para decir bien la letra. También puede ocurrir que no sepa diferenciar fonéticamente algunas letras. Así, hay pocos niños que pronuncien bien las «r», tanto si estas se hallan al principio, en medio o al final de una palabra. De hecho, el sonido de esta letra no pertenece a su sistema fonético. El niño aprende a pronunciarla percibiendo la sensación de su lengua en la parte posterior de la garganta.

> **Reñir** sistemáticamente a un niño que pronuncia mal no le sirve de ayuda. Es preferible proponerle jugar con los sonidos difíciles para que aprenda por sí mismo a situar su lengua correctamente en relación con los nuevos dientes.

A veces, los padres se sorprenden al constatar que su hijo pronuncia mejor las palabras nuevas de su vocabulario que las que utiliza desde hace tiempo. Los lingüistas explican este fenómeno por el hecho de que las palabras nuevas

UN PEQUEÑO CONSEJO

Es preferible que se evite corregir o decir las palabras en lugar de un niño que tartamudee porque esto aumenta la tensión. Cualquier presión excesiva puede convertir una dificultad pasajera en una dificultad crónica.

se benefician inmediatamente de sus nuevas capacidades de pronunciación, mientras que las palabras antiguas se mantienen en una forma arcaica bien memorizada y más estancada porque han sido muy repetidas. Los niños a los que se ha operado de labio leporino en el momento de nacer a menudo tienen dificultades de pronunciación en el momento de la adquisición del lenguaje y necesitan una reeducación ortofónica precoz para superarlas. Esta anomalía afecta a un niño de cada mil y consiste en una hendidura en el labio superior en un solo lado o en los dos. Puede estar aislada y afectar solo al labio o ser total con una hendidura en la encía y el paladar. La cirugía reparadora en el momento de nacer permite que el niño pueda mamar y tener una evolución normal en el plano del lenguaje.

También puede ocurrir que el niño tartamudee. Los padres deben tranquilizarse, porque esto no tiene nada que ver con un auténtico trastorno del lenguaje. Este comportamiento puede tener un doble origen. Algunos niños farfullan y tartamudean cuando las palabras les acuden a la boca con mucha rapidez. De hecho, no pueden controlar su caudal. En otros niños, su pensamiento va más rápido que sus palabras y a menudo tienen que buscar estas últimas. La emoción, los nervios o el cansancio no les ayudan y con frecuencia duplican algunas sílabas… pero puede que lo hagan para jugar.

25 Un niño de 2 años, que se expresa con un vocabulario mucho más restringido que el de sus amiguitos de la misma clase de la guardería, ¿tiene un retraso?

Algunos niños de esta edad solo utilizan un vocabulario muy corriente; «papá, mamá, cama, pan», etc., e incluso se niegan a hacer frases. Muchos de estos niños se expresan así porque no quieren complicarse la vida, ya que las personas de su entorno les comprenden muy bien.

> Los trastornos graves del lenguaje rara vez son hechos aislados. A veces están relacionados con problemas afectivos o de inestabilidad psicomotriz.

Este trastorno lo sufren en particular los niños prematuros. A menudo se olvida que estos son menos maduros que los niños de la misma edad. Para valorar bien el retraso en el lenguaje, hay que corregir su edad.

En otros niños, lo que inquieta a sus padres es que apenas hablen. Tampoco en este caso hay que alarmarse, puesto que el hecho de que un niño diga muy pocas palabras no significa que tenga un retraso. Muchos niños escuchan primero con una gran atención, durante largas semanas, antes a lanzarse a una conversación. Se pondrán a hablar de una forma totalmente correcta de repente, sobre todo cuando sea la única manera de hacerse comprender.

Sin embargo, algunas dificultades se deben al entorno y a unos padres que no hablan lo suficiente con su hijo, o hablan demasiado, y en este caso, el niño, sobreestimulado, se inhibe para resistirse a la presión.

No todos los niños adquieren el mismo vocabulario con la misma rapidez; cada uno madura a un ritmo diferente.

26 ¿Por qué nuestro hijo siempre dice «no» antes de decir «sí»?

A partir del primer año, el niño sabe lo que quiere decir «no» porque sus padres utilizan muy a menudo esta palabra en cualquier momento del día. Hacia el año y medio, sus nuevas capacidades de lenguaje le permiten integrar esta palabra a su vocabulario.

El niño adoptará esta palabra y la usará tanto para decir «sí» como para decir «no». En realidad, un niño de 2 años pasa por una fase de oposición. Oponerse no es algo totalmente nuevo para él, porque ya lleva haciéndolo desde algunos meses con más o menos intensidad, apartando la cabeza, dando gritos o mediante manifestaciones físicas como diarrea o regurgitación. El lenguaje le proporciona ahora la posibilidad de decir lo que antes expresaba con su cuerpo. Pero la primera dificultad de un niño de esta edad es comprender por qué sus padres dicen «no» a algunas de sus propuestas o situaciones mientras que ellos se las permiten; así, esta palabra da al niño una seguridad, un poder que quiere adquirir. Por esta razón dirá «no» a prácticamente todo, por el simple placer de pronunciar esta palabra. No hay, pues, que tomar esta palabra al pie de la letra, porque no significa una oposición sistemática, sino que es un placer lingüístico que el niño se permite en todos los tonos y respecto a cualquier cosa.

> A esta edad, el «no» es efectivamente más importante que el «sí». El niño se hace autónomo mediante la oposición.

Permitírselo supone darle el tiempo para evaluar todas las facetas de esta palabra mágica. Basta con repetir la petición una o dos veces para constatar que este «no» puede querer expresar un «sí». El niño no está falto de lógica, simplemente quiere ser un ser autónomo, capaz de disponer de sí mismo, lo que no quiere decir que no esté de acuerdo con lo que le proponen sus padres. Lo que busca ante todo es el diálogo.

UN PEQUEÑO CONSEJO

La educación en este estadio del desarrollo es una cuestión de compromisos. Por ejemplo, para convencer al niño de que debe cambiar de actividad, es preferible prevenirle. Esto no impedirá que diga «no», pero lo hará con menos fuerza puesto que habrá tenido un poco de tiempo para integrar el cambio que se le impone. Las discusiones son frecuentes y, a través de la palabra, cada uno sale de una posición estéril de repliegue sobre sí mismo e inicia un compromiso, base para una vida social normal.

La negación de los niños no siempre tiene el mismo significado. Pronto se aprende a distinguir si realmente quiere decir que «no».

Una de las causas por las que un niño repite tan a menudo la palabra «no» es porque la escucha habitualmente. En esta etapa el niño se hace más independiente, empieza a andar y experimenta con algunas situaciones que pueden ponerle en peligro, por lo que los padres recurren al «no» para indicarle qué puede o no puede hacer. Es una orden sencilla que se da con una entonación especial y que los niños asimilan rápidamente.

Con el tiempo y la experiencia, las prohibiciones de los padres se volverán cada vez más importantes para el niño, que quiere ser activo en la vida. Sus sentimientos se dividen entonces entre el amor y la hostilidad que siente por la persona que le prohíbe cosas y le impide su autonomía. Para salir de esta situación angustiosa, el niño escoge la agresividad y dice «no», embargado por un problema de identidad.

Según parece, a las madres les resulta más difícil soportar el «no» que a los padres. A menudo ven en ello la manifestación de un capricho por parte del niño. De hecho, se sienten divididas entre el deseo de que su hijo sea más autónomo y el temor a dejarle escapar día tras día. Hacia los 2 años y medio, el niño sabrá decir «sí».

27 Cuando nuestro hijo tenga 2 años, ¿cómo evolucionará su lenguaje?

Durante el segundo año el vocabulario del niño crecerá y se embellecerá de manera espectacular, incluso cada vez será más preciso. El número de palabras que conoce y pronuncia aumenta entonces considerablemente.

Estas palabras pertenecen tanto a su universo como al del adulto, pero lo que aprende de nuevo procede siempre del registro adulto. Las palabras ganan así sentido. Siempre existen términos genéricos, pero, poco a poco, el niño hace distinciones y progresivamente aprende que cada cosa se designa con una palabra diferente.

A un niño de 2 años le gusta que sus padres le enseñen términos precisos, incluso a veces los reclama. Luego, se divierte repitiéndolos incesantemente para estar seguro de recordarlos, cuando llegue el momento. Su palabra es cada vez más libre y espontáneamente intenta expresar sus necesidades y sus deseos. Los libros con ilustraciones y los de contrarios son buenos instrumentos para estos nuevos aprendizajes. El niño los aprecia mucho porque empieza a interesarse por las comparaciones. El análisis matizado de lo que dicen los niños pone de manifiesto que tienen un vocabulario de 175 palabras a los 21 meses, de 700 a 800 palabras a los 2 años y medio, y de 1 000 palabras por los menos a los 3 años.

Entre los 24 y los 36 meses, el niño adquiere una palabra cada hora. Su vocabulario se compone en su mayor parte de nombres que designan cosas concretas: objetos, animales y personajes conocidos, por ejemplo los héroes de sus álbumes favoritos.

Las primeras frases, llamadas «holofrases», surgen de forma natural. Están compuestas por palabras que de hecho representan una frase contraída y a menudo aparecen unos meses después de la utilización de las «palabras-frase» hechas de la yuxtaposición de dos palabras. Se trata de grupos de dos o tres palabras, sin pronombre ni artículo, con verbos en infinitivo, y a veces adjetivos o adverbios. El niño comprende perfectamente lo que se le pide, aunque sea un poco complicado: puede ir a buscar un juguete que esté en una habitación distinta a la que se halla y traerlo y colocarlo en un lugar definido.

UN PEQUEÑO CONSEJO

Las palabras que pronuncia un niño de 2 años a menudo están deformadas. Pero no hay que creer que le gusta que se le hable como lo hace él. El «hablar como un bebé» no le hace progresar. Puede darse cuenta por sí mismo de que hay una diferencia entre lo que dice y lo que sus padres formulan y sus dificultades le hacen rabiar.

Hacia los 18 meses, en el momento en que aparece la función simbólica, el niño pasa del lenguaje iterativo, el de la imitación de los sonidos oídos, al lenguaje generativo, que se caracteriza por la creación de asociaciones de palabras para expresar enunciados nuevos. El paso de uno a otro no es repentino, sino que es como un deslizamiento, y por tanto resulta bastante difícil que los padres lo adviertan.

Al niño le encanta hablar y se pone muy contento cuando constata que sus padres le entienden. La atención de estos es primordial para provocarle el deseo de comunicarse y entrenarse diciendo cada vez más cosas y mejor dichas. El niño que aprende a hablar se plantea hipótesis sobre el sentido de las palabras y la construcción de las frases que pronuncia; así, lo que dice es profundamente revelador de lo que piensa. A algunos niños les encanta soltar largos monólogos, solos en su cama antes de dormirse. Según parece, no lo hacen únicamente como un juego, como cuando eran más pequeños, sino que es una manera de dar sentido a lo que han vivido durante el día. Con ello, explican e interpretan las experiencias que les han marcado.

El desarrollo del lenguaje de las palabras produce cambios en el lenguaje de los gestos. Algunas señales corporales desaparecen mientras que otras se refuerzan. Las palabras sirven para apoyar el lenguaje de los gestos y a menudo completan una petición gestual que no se ha comprendido. Paralelamente, por imitación, el niño empieza a reproducir gestos que ha observado en las personas de su entorno.

> En ningún otro periodo de nuestra vida tenemos que ejercer tantas habilidades como las que requiere el lenguaje. El niño expresa por primera vez con palabras sus sentimientos y sus pensamientos. Se convierte en poeta utilizándolas según su simbolismo.

> El diálogo entre padres e hijo es fundamental para estimular su deseo de comunicación y de verbalizar sus pensamientos y sentimientos.

28 ¿Hay que preocuparse si un niño de 2 años parece que lo comprende todo pero no habla?

En la expresión oral de los niños de esta edad hay que distinguir la comprensión de la expresión. Algunos manifiestan un retraso en el lenguaje porque creen que sus padres le han engañado mostrando una buena capacidad de comprensión, mientras que su expresión era deficiente.

Los padres dicen de estos niños que lo comprenden todo mientras que estos solo hablan con signos, señalando con el dedo lo que quieren. Pero deben saber que esta forma de expresarse impide la palabra. Expresión y comprensión se mezclan siempre para que surja un buen lenguaje. También hay que desconfiar de los niños que se niegan a hablar y utilizan a un hermano o a una hermana como traductores, que comprenden de forma anticipada sus necesidades. Los padres tienen que pedir entonces al mayor que deje de comprenderlo y decir al pequeño que no entienden por qué no se expresa. De una forma general, se ha observado que el tercer y cuarto hijo de una familia tiene tendencia a hablar más tarde que sus hermanos mayores.

Los niños muy mimados, demasiado infantilizados para su edad, presentan a veces retrasos en el lenguaje. No quieren hacerse mayores y prefieren seguir siendo «los bebés de su mamá».

Algunos niños se expresan poco por timidez. Normalmente, esta aparece frente a una situación desconocida o a un adulto ajeno a la familia. Es una cuestión de miedo, evidente o reprimido,

La edad de los diferentes aprendizajes es muy variable. Se considera que, en un niño que no sufre ninguna minusvalía, no existen problemas de lenguaje antes de los 3 años. Tranquilícense, Einstein, aunque era capaz de hablar, no dijo la primera palabra hasta los 5 años.

de decepcionar a un juez, a menudo el padre al que el niño está más apegado. Al sentirse infravalorado, el niño será incapaz de enfrentarse a lo que se le pide y tendrá miedo de no estar a la altura de la situación. El problema se soluciona con una cierta indiferencia por parte de los padres. La timidez puede convertirse en una desventaja más

UN PEQUEÑO CONSEJO

Para ayudar al niño en la expresión oral hay que animarle, decirle que se comprende lo que quiere pero que las palabras le permitirán ser más preciso en cuanto a sus deseos y que, por tanto, obtendrá una mayor satisfacción.

La timidez es uno de los obstáculos más importantes que deben salvar los niños para comunicarse con los demás.

tarde, si conduce al niño a evitar hacer preguntas o a estar con los demás.

La timidez no es hereditaria y no se transmite de padres a hijos. En cambio, un niño puede ser tímido por semejanza. Los padres transmiten a sus hijos muchas de sus características con sus cromosomas. Pero lo esencial entre los padres y sus hijos pertenece al orden de la identificación: el niño también se parece a sus progenitores porque estos le gustan.

Por último, algunos niños esperan a haber construido un sistema de pensamiento muy elaborado antes de hablar y, en algunas semanas, utilizan un vocabulario variado y frases compuestas de varias palabras. En general, son niños observadores y aplicados, a los que les gustan los libros y las historias, que se permiten saltar alegremente las etapas clásicas del desarrollo del lenguaje.

La mayoría de los niños que prácticamente no hablan a los 2 años utilizan en general expresiones corporales. Se considera que han asimilado la existencia de los códigos de comunicación si estas expresiones corporales son bastante significativas como para permitirles hacerse comprender. Estos niños no tardarán en hablar. El método de recurrir a la expresión corporal se observa sobre todo en los niños que no consiguen decir con palabras exactamente lo que quieren.

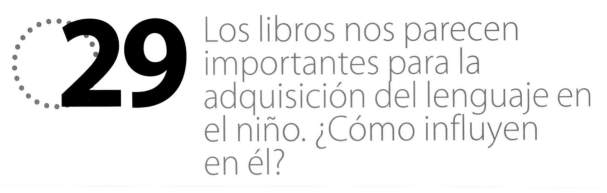

29 Los libros nos parecen importantes para la adquisición del lenguaje en el niño. ¿Cómo influyen en él?

La lectura es una ocasión para una intensa comunicación entre el niño y el adulto. Frente a las imágenes, el adulto estimula la atención del niño, explica, aporta palabras nuevas e introduce la noción de tiempo y espacio.

El niño se concentra en busca del más mínimo detalle, hace comentarios y preguntas. La voz del lector es muy característica: acuna, canta, se detiene, vuelve a empezar, produce onomatopeyas, no tiene el tono habitual, es «la lengua escrita» con su puntuación y su estructura.

La historia se plantea como una obra de teatro, con paradas en una imagen para tomarse el tiempo de mirar y hablar. El libro cultiva el imaginario de los niños y, con toda naturalidad, estos utilizan palabras y expresiones que han encontrado en las páginas para animar sus juegos. A través del libro, el niño se entrena en la simbolización de las palabras, lo que le resulta indispensable para tener acceso al lenguaje. Con los libros, el niño se da cuenta de que los objetos de su entorno pueden tener representaciones diferentes aunque siguen siendo la misma cosa: el coche, la flor, el oso, la mesa, la silla, la cama, sea cual sea su forma, se dicen siempre con la misma palabra.

Además, el objeto que el niño conoce en volumen se vuelve plano, aunque no cambia de función ni de denominación. Cuando pronuncia el nombre de lo que ve en las imágenes, cuando lo repite, sabe muy bien que no es para apropiarse del objeto sino para sentir el placer intelectual de reconocerlo,

decirlo e imaginarlo, porque el libro conduce siempre al sueño y a la fantasía.

El álbum ilustrado constituye, al mismo tiempo, un relato a través de la imagen y un relato escrito que, de momento, se lee al niño. Siempre resulta sorprendente constatar la atención del joven lector que, sin embargo, no comprende todo lo que se le

UN PEQUEÑO CONSEJO

Cada pequeño lector encuentra en el libro lo que es más importante para él. A menudo, le gusta en secreto un pasaje del relato que le encanta escuchar en cada lectura. Los padres deben leer el texto de forma aplicada, con efectos, siempre idénticos en los mismos puntos, sin cambiar el texto cada vez ni modificar el vocabulario. Las palabras, incluso desconocidas, son siempre portadoras de sueños.

dice: escucha, aprecia la musicalidad de las palabras que entiende y a menudo siente una cierta emoción. Por esta razón le gusta que relean siempre las mismas historias, porque sabe que sentirá las mismas emociones, subyacentes en todas esas palabras que ha almacenado en su memoria. La permanencia de la historia siempre tiene un efecto tranquilizador porque lo que está escrito es inmutable.

El libro significa conocimiento de cosas, de personas, de animales y de situaciones. Gracias a él, el niño aprende a reflexionar, a acceder al pensamiento lógico. El libro le invita al encuentro con otro interlocutor, que tiene su propia sensibilidad sobre la vida, la transmite con sus palabras y su estilo de escritura, que a menudo expresa lo que el niño ve y que a sus padres les resulta difícil explicarle.

Repleto de osos, conejos, ratones o bebés, los libros cuentan historias sencillas que ocultan muchas sutilezas. En particular permiten desdramatizar las pequeñas y las grandes preocupaciones cotidianas. El relato imaginario ayuda a distanciarse de las situaciones vividas de forma angustiosa, gracias a la espera de que ocurran cosas y a un desenlace feliz. Los padres deben escoger libros de los que les guste tanto la historia como las

A través del libro, el niño descubre su capacidad psíquica de pensar, de imaginar, siempre que el adulto que está a su lado no intervenga para convertir el texto en una lección de lenguaje.

ilustraciones. No deben dudar en seleccionar aquellos que ayudarán al niño a comprender el sentido de la vida: historias para saber quiénes somos, de dónde venimos, que ponen en escena sentimientos de amor, de miedo, de altruismo, de tristeza, de alegría, etc.

30 ¿Todos los niños progresan al mismo ritmo en el ámbito del lenguaje?

En el desarrollo del lenguaje existen grandes diferencias de un niño a otro, e incluso entre hermanos. Hay niños precoces: uno anda pronto, otro habla ya como si fuera mayor, mucho antes que los demás. Sin embargo, todos pasan por las mismas etapas.

Estas etapas siempre tienen lugar en el mismo orden, pero en momentos distintos del desarrollo. Las diferencias entre un niño y otro son la norma. Tienen que ver con elementos genéticos y con el entorno al mismo tiempo. Cada niño es único en el ámbito genético, y aunque los hermanos comparten un patrimonio heredado idéntico, cada uno de los hijos e hijas de una familia es el resultado de una combinación genética original.

Un niño adquiere su propia personalidad incluso antes de nacer. Durante nueve meses evoluciona en el útero en un universo propio, bajo la influencia del medio en que vive su madre, y que se modifica permanentemente.

Así, cada niño nace con un bagaje intelectual diferente, aunque es muy parecido al de sus hermanos y hermanas. La educación, los acontecimientos familiares o sociales que marcan su vida acentuarán las características y las potencialidades en materia de desarrollo.

Además, cada niño tiene su propia forma de expresarse y elabora códigos de relación propios. El desarrollo del lenguaje, como todas las demás cosas que aprende, no tendrá en todos los casos el mismo perfil, el vocabulario no evolucionará de forma

El niño, antes de nacer, representa el 80 % del potencial del bebé ya nacido, pero el 20 % restante es lo que adquiere y que hace que las comunicaciones y las acciones precoces con el entorno, el medio que le rodea y los padres sean diferentes. Nada es posible sin lo que el niño adquiere.

idéntica, las frases no surgirán exactamente en el mismo momento y de una manera parecida siempre.

El niño posee, de forma congénita, la facultad de hablar, pero son las capacidades de su entorno inmediato las que le permitirán expresarse más o menos bien y más o menos rápidamente. Ello explica, por ejemplo, las grandes diferencias de producción de lenguaje en función del medio socioeconómico y cultural de la familia.

UN PEQUEÑO CONSEJO

No haga comparaciones entre sus hijos. Considere que cada uno tiene su personalidad: hay niños expansivos y otros que son reservados. Cultivando las diferencias se enriquece la familia y se evitan los sentimientos de celos que a veces resultan devastadores.

31 ¿La inteligencia desempeña algún papel en el aprendizaje del lenguaje del niño?

Tanto para un bebé como para un adulto, aprender es una acción muy compleja que permite adquirir o modificar un comportamiento de forma duradera, a partir de experiencias anteriores.

Los tests utilizados para medir la inteligencia de los niños se basan esencialmente en una evaluación de su capacidad en materia de lenguaje. Sin embargo, no está comprobado científicamente que exista una correspondencia entre el lenguaje y el desarrollo cognitivo.

Todos los aprendizajes se basan, en primer lugar, en lo que los psicólogos llaman la «habituación». Esta es esencial puesto que permite que el niño haga una selección entre todas las informaciones que recibe y escoja las que debe retener forzosamente. Es interesante saber que un niño prefiere concentrar su atención en lo que es nuevo para él y en lo que es complicado.

Luego viene el aprendizaje de tipo asociativo: una acción conduce a otra, tal palabra se dice en tal circunstancia o ante tal objeto o tal persona, así como un objeto o una persona lleva el mismo nombre porque se parece a otro u otra. Pero para aprender además hay que saber traducir una sensación en una percepción, lo que significa que la sensación ha sido analizada por el cerebro.

El niño aprende luego esquemas sensoriales y cognitivos que le conducirán al establecimiento de circuitos que utilizará durante toda su vida. Por último, la memoria es esencial en cualquier aprendizaje. Las informaciones que proporcionan los sentidos se codifican y se transmiten al cerebro, bien por un impulso de tipo eléctrico, bien en forma de síntesis de una molécula. Lo que se ha aprendido se conserva en varias estructuras neurológicas del cerebro. Existe un vaivén continuo que permite acceder a funciones como la comparación y la verificación. La memoria del niño es tanto más perfecta por cuanto su aparato neuronal es «nuevo».

UN PEQUEÑO CONSEJO

No hay que preocuparse si su hijo llama «papá» a todos los hombres que conoce y «mamá» a todas las mujeres. Su inteligencia está intacta, incluso es extremadamente elevada. En un determinado estadio de desarrollo del lenguaje, todos los hombres son papás y todas las mujeres son mamás para el niño, lo que no le impide saber quiénes son su padre y su madre. Sin embargo, si el niño está pasando por una situación de recomposición familiar, puede tener cierta dificultad para reconocer a sus padres.

Actualmente se sabe que el cerebro no se desarrolla normalmente si recibe estimulaciones variadas y numerosas de forma precoz.

La estimulación es imprescindible en todos los campos del aprendizaje, también para desarrollar un lenguaje correcto.

por último, aprende su significado. El niño actúa de la misma forma con las numerosas informaciones que le proporcionan sus sentidos cuando se halla en estado de vigilia. Así es como establece un sistema de reconocimiento a partir de informaciones codificadas y almacenadas en unidades cerebrales específicas. A los 2 años el cerebro está totalmente formado, con 30 000 millones de neuronas que comportan más de 100 billones de sinapsis.

El test de Brunet-Lézine, elaborado por dos investigadoras francesas, Irène Lézine y Odette Brunet, permite una evaluación de la inteligencia muy precoz. Se basa en la observación de los resultados fónicos, las capacidades de reproducción de determinados gestos que evidencian en el niño el interés por la comunicación con los demás y en la comprensión de lo que se le prohíbe y lo que se le ofrece.

A los 10-11 meses, el niño posee prácticamente todo lo necesario para que el lenguaje, el andar, la adquisición de la limpieza y la capacidad de oponerse. Para pasar de un estadio de desarrollo a otro necesita entrenarse. Para conseguir un resultado, este debe ser repetitivo y permanente, e ir siempre precedido de una fase de éxito fortuita y aleatoria.

Según Gérard Edelman, premio Nobel estadounidense, la memoria se basa en las categorías que crea el cerebro. El recién nacido percibe en primer lugar el lenguaje globalmente y memoriza secuencias vocales sin comprender su sentido. Luego, poco a poco, distingue las palabras y,

En el lenguaje intervienen tres tipos de estructura: intelectual, neuromotriz y afectiva, que están íntimamente imbricadas. Cada estadio de desarrollo aporta al niño medios diferentes a los de la etapa precedente, así como objetivos que establece en función de lo que le parece más importante en un momento preciso de su existencia.

32 Nuestro hijo dice muy pocas palabras, pero hace muchas muecas. ¿Es esta su forma de comunicarse?

Cuando crecen, la mímica del rostro de los primeros tiempos deja paso a las muecas. En un niño de 2 años, las muecas son una auténtica forma de expresión. Y son muy diversas y numerosas porque todavía es incapaz de decirlo todo con palabras.

En las guarderías, las muecas son tan variadas como múltiples, florecen como mensajes dirigidos al otro y cada grupo de niños posee su propia mímica: un guiño, una boca torcida o los dedos en la nariz. Los recién llegados tienen que comprender las conversaciones de los que ya están acostumbrados a ellas e intentar transmitir sus propios mensajes. En algunos niños, la mueca-lenguaje adquiere tanta importancia que puede retrasar el buen uso de la palabra. Si los demás niños lo leen todo en su cara, entonces,

El humor permite que el niño llegue a un compromiso entre sus deseos y los de sus padres. Estas soluciones astutas e inesperadas son un signo de un buen equilibrio psíquico.

Imitar las muecas de los adultos son uno de los juegos preferidos de los pequeños, además de ser otra forma de comunicación.

UN PEQUEÑO CONSEJO

¿Cómo desactivar un lenguaje hecho de muecas insolente y explosivo? Bromeando. El niño siempre se sorprende cuando ve que un adulto le responde con una mueca. Un concurso de muecas, si se mantiene en los límites de lo aceptable, puede tener virtudes educativas y permite restablecer un ambiente de confianza que se había debilitado.

payaso o para burlarse de los adultos. Las muecas se parecen mucho a las palabras malsonantes. Algunas observaciones han puesto de manifiesto que los niños menos charlatanes son los que hacen más muecas y tienen un repertorio más extenso. El diálogo a través de la mímica, como el compuesto por palabras, se aprende con el uso. El niño sabe diferenciar muy pronto una «buena mueca» de una mala observando la reacción de los adultos. Esta observación le indicará también en qué circunstancias la misma mueca es divertida o descortés. Todo un arte lleno de sutilezas.

El tercer año es el de la ritualización. La más pequeña expresión de la cara, la más pequeña mueca funciona como una señal. Todos los comportamientos expresan algo, mientras que las combinaciones de comportamientos disminuyen. La observación de niños en un grupo de la misma edad demuestra, por ejemplo, que el comportamiento de ofrenda –la mano tendida, la cabeza inclinada hacia un lado– o el de agresión, se escoge en función del modelo parental. Los niños que expresan ofrenda y solicitud viven con padres comunicativos, verbal y corporalmente, ni demasiado agresivos con sus hijos ni superprotectores.

¿por qué cansarse utilizando palabras? Cuando la palabra está bien establecida, las muecas adquieren un nuevo sentido. Los niños han comprendido que se trataba de un lenguaje regresivo, que utilizarán para hacer ver que todavía son bebés, para hacer el

33 ¿Por qué razón a los niños de 2 años les gusta tanto el teléfono?

Este objeto, símbolo de la comunicación, se ha convertido en el primer juguete que favorece el desarrollo del lenguaje en el niño.

Con 1 año, el niño es capaz de coger el teléfono, ponérselo junto a la oreja y decir «diga», mientras que ya a los 18 meses lo descuelga y escucha la voz de un interlocutor ficticio que le habla, a pesar de que él todavía no es capaz de articular bien. Sin embargo, es a los 2 años cuando juega realmente con el teléfono e inventa a alguien que le responde.

Ha captado la relación entre este aparato y la comunicación con los demás.

El teléfono es el juguete perfecto para incitar al niño a la expresión oral y a la imitación del adulto que lo usa y a veces abusa de él. Por otra parte, cuando los niños hablan por teléfono, imitan todas

UN PEQUEÑO CONSEJO

Dejen que su hijo descuelgue el teléfono familiar y enséñenle a decir quién es. A todos los niños les encanta ser el telefonista de la familia, porque así demuestran que ocupan un lugar propio en el seno de la familia y desde muy pequeños se sienten atraídos por el teléfono. A pesar de todo, desconfíen de un uso precoz del móvil, puesto que más tarde, en la adolescencia, su hijo lo usará de forma descontrolada. Es aconsejable que eduquemos a los niños también en ese aspecto para evitar futuros problemas.

las expresiones y las manías de sus padres. Así, saben bastante pronto que hay que hacer pausas durante la conversación para permitir que el interlocutor se exprese; han comprendido el valor del intercambio en la conversación.

El teléfono es un instrumento esencial de relación entre el niño y las personas que están alejadas de él, como los abuelos que viven lejos, o el padre o la madre que se ha separado de él en caso de divorcio.

A partir de los 2 años, los niños quieren utilizar el teléfono de los mayores. Les encanta que les llamen y reconocer a la persona que está hablándoles. A pesar de su sorpresa, consiguen pronunciar algunas palabras en un lenguaje propio. Así aprenden a expresarse y a contar cosas. Algunas experiencias realizadas en el ámbito escolar ponen de manifiesto que el teléfono puede servir a los niños para expresar sus angustias y sus temores.

El teléfono tiene un atractivo especial para los niños: les encanta hablar y escuchar a otras personas a través de él.

Los niños sin problemas utilizan el teléfono para pedir cosas y charlar con sus amiguitos. Pero los niños que tienen problemas afectivos lo utilizan como confidente y le cuentan sus penas.

Las principales referencias en la evolución del lenguaje

DE 1 A 2 AÑOS

Desarrollo psicomotor

A los 15 meses
- El niño se pone de rodillas, se agacha para sentarse y se levanta solo.
- Camina pero aún no lo hace de forma equilibrada y a menudo levanta los pies más de lo necesario.
- Sube las escaleras reptando.
- Gira la muñeca para llevarse la cuchara a la boca.
- Construye una torre de tres cubos.
- Le encanta ser el centro del mundo y demuestra claramente sus sentimientos.

A los 18 meses
- Sube las escaleras a cuatro patas poniendo los dos pies en el mismo peldaño y las sube de pie si le sostienen.
- Corre y anda hacia atrás. Da patadas a una pelota.
- Pasa las páginas de un libro y bebe solo de una taza.
- Está fascinado por todas las formas de cierres: cremalleras, velcro, etc.
- Sabe designar los objetos simples o los animales que se le nombran.
- Puede analizar situaciones simples y pragmáticas.
- Es capaz de ejecutar órdenes que tienen que ver con la evaluación y la memoria.

A los 21 meses
- Baja la escalera si le cogen de la mano.
- Construye una torre de cinco cubos o los alinea para hacer un tren.
- Surgimiento del pensamiento simbólico: los objetos ya no tienen solo sus propiedades intrínsecas, además cambian de función, evocan otros objetos u otras situaciones.
- Indica cinco partes diferentes del cuerpo de una muñeca.
- Realiza sus primeros intentos de autonomía y se vuelve curioso.

Desarrollo del lenguaje

A los 15 meses
• Comprende una media de 100 a 150 palabras.
• Comprende frases simples.
• Habla una jerga personal, pero utiliza sonidos e
  inflexiones que recuerdan palabras comunes.
• Repite exclamaciones que ha oído decir a sus
  padres, como «vale» o «bien».

A los 18 meses
• Conoce las partes de su cuerpo.
• Sabe designar los objetos simples o los animales
  que se le nombran.
• Produce unas 50 palabras y dice muy bien 10 de las
  que conoce perfectamente su significado.
• Construye sus primeras palabras-frases.

A los 21 meses
• Comprende una media de 200 palabras.
• Realiza las primeras categorizaciones en su vocabulario.
• Surge el pensamiento simbólico.
• Pide que le den de comer y beber.

DE 2 A 3 AÑOS

Desarrollo psicomotor

A los 2 años

• Le encanta correr, da patadas a una pelota, sube y baja solo las escaleras sin alternar los pies, peldaño tras peldaño, sosteniéndose prudentemente en la barandilla. Cuando corre, le cuesta pararse. Le encanta moverse y bailar.

• Es limpio durante el día y sabe pedir perfectamente el orinal o ir solo al baño.

• Juega hábilmente apilando cubos, construye una torre de seis cubos, pasa las páginas de los libros, ensambla sus primeras piezas e imita a los adultos en sus diversas ocupaciones.

• Gira los pomos de las puertas, abre las tapas de las cajas si no están demasiado ajustadas, baja y sube los cierres de cremallera.

• Empieza a «dibujar». Curiosamente, coge el lápiz con toda la mano. Puede utilizar tanto la mano derecha como la izquierda. Pero, con la primera, realiza los trazos hacia la derecha y emborrona en el sentido de las agujas del reloj; con la mano izquierda dibuja en sentido inverso.

• Se opone con fuerza y satisfacción «gracias» a un carácter firme y al manejo de la frase negativa.

• Ayuda a ordenar sus cosas.

• Le gusta estar con otros niños aunque todavía es incapaz de participar con ellos en la misma actividad. Puede ser un tanto agresivo. No le gusta que no le dejen ser independiente y a veces tiene miedo de que sus padres le abandonen.

Entre los 2 y los 3 años

• Salta con los pies juntos y anda con la punta de los pies, se sostiene con un solo pie y puede llevar un vaso de agua. Sabe pedalear.

• Enhebra bolitas, construye una torre de ocho cubos y diferencia los objetos que es capaz de clasificar según su forma y color.

• Sabe usar las tijeras.

• Sabe desabrochar un botón y se desnuda solo.

• Sus dibujos se vuelven más figurativos. Progresa muy rápido y hacia los 2-3 años cierra los círculos que le servían para imaginar a sus primeros personajes. Este esbozo de círculo corresponde precisamente a la edad en que toma conciencia de su «yo».

- Se opone a menudo a las órdenes y se pone furioso cuando no consigue hacer lo que quiere.
- Los miedos son más frecuentes y se inician los primeros ritos a la hora de acostarse.
- Empieza a identificar a las personas según su sexo y puede separarse de sus padres durante periodos cortos.

Desarrollo del lenguaje

A los 2 años
- Su vocabulario se desarrolla con mucha rapidez: conoce de 250 a 300 palabras.
- Su pronunciación se perfecciona.
- Su discurso se vuelve cada vez más complejo.
- Dispone del suficiente vocabulario para describir un objeto familiar.
- Posee una treintena de palabras asociadas.
- Conoce los pronombres posesivos y la negación.
- Se inicia en el género de las palabras y en una primera noción de número.
- Primeras nociones de sintaxis y primera frase de dos a tres palabras.

Entre los 2 y los 3 años
- Habla mucho, incluso cuando está solo.
- Empieza a hacer preguntas.
- Utiliza los primeros plurales.
- Su vocabulario se enriquece cada vez más.
- Le encanta aprender términos nuevos.
- Construye las primeras frases.
- Empieza a cantar.

de los 4 a los 6 años

La escuela abre al niño una puerta al mundo. Aprende a escuchar al maestro y a los demás niños. Expresa cada vez mejor sus ideas. Ahora ya es mayor y está preparado para el lenguaje escrito.

34 Nuestro hijo tiene casi 3 años, ¿cómo va a evolucionar su vocabulario?

El vocabulario de un niño de esta edad se enriquece día tras día. Su entrada en la guardería le permitirá hacer unos progresos fulgurantes, en particular en los primeros meses de su integración.

UN PEQUEÑO CONSEJO

El niño está ávido por descubrir nuevas palabras; por otra parte, le gusta que sus padres le expliquen las palabras que no comprende, por lo que estos no deben dudar en explicarles el significado de las mismas.

Alrededor de los 3 años el vocabulario del niño se amplía enormemente. Utiliza frases más largas y complicadas, es capaz de incluir preposiciones y artículos y empieza a distinguir el género de las cosas. Pero además, en esta época, el lenguaje adquiere nuevas funciones: no solo sirve para comunicarse con los demás, sino que el niño habla en voz alta cuando juega solo utilizando la palabra para acompañar y reforzar sus acciones, inventa historias y le da voz a sus personajes. En este momento el lenguaje pasa a formar parte activa de su imaginación y de su pequeño mundo.

El niño utiliza el lenguaje de forma poética, social y relacional.

Pronunciada por primera vez, cada palabra nueva se asimila inmediatamente, así como los giros de frases que usan los adultos. Esta evolución es el resultado de unos perfeccionamientos importantes: el niño tiene una memoria en pleno desarrollo, su control de los gestos es cada vez mayor y también quiere actuar como un niño mayor. Cuantas más cosas hace, más habla: en él todo está entonces en una ósmosis perfecta.

El niño se da cuenta de que hablando puede hacer que exista todo, incluso historias inverosímiles. Descubre que puede hablar sobre cualquier cosa y constantemente, incluso con personas a las que no ve, como con sus abuelos por teléfono, con cosas o con seres que no disponen de palabra, como su perro o un juguete. Los nombres comunes forman los dos tercios de su vocabulario, mientras que los nombres de todas las personas de su entorno forman una sexta parte. Los adverbios y las interjecciones constituyen el resto. Su vocabulario llega a las 900 palabras. Utiliza artículos y pronombres, así como el pasado y el futuro.

El niño habla con mucha facilidad y empieza a hacer preguntas. Su vocabulario tiene que ver en parte con la comida, la ropa, la higiene y los juguetes. Conoce su apellido, enumera sin problemas lo que ve en una imagen, identifica las partes del cuerpo, hace preguntas. Utiliza algunas palabras de forma analógica. Dice, por ejemplo, «acercar» en vez de «alejar», «apagar» en vez de «encender».

35 ¿Cómo progresará nuestro hijo en las nociones de gramática?

La etapa decisiva en un niño de 3 años es el descubrimiento del «yo». Es el resultado de una perfecta apropiación de su esquema corporal, así como de la adquisición esencial del lenguaje. El niño es ahora un individuo capaz de hacer y de pensar.

Todo ello, por otra parte, le vuelve bastante autoritario. Utiliza con voluptuosidad el «yo», asociado a «querer», para afirmar que ha organizado bien su representación del mundo en torno a su persona: «Yo quiero = yo existo = yo domino el mundo.» A los 3 años, el niño comprende las preguntas «¿quién?, ¿dónde?, ¿cómo?» y sabe diferenciar los colores, lo grande y lo pequeño, lo que está lejos y lo que está cerca. Utiliza el pronombre personal «yo» y conjuga los verbos. Muchas de sus frases empiezan con el verbo y luego el sujeto, y a menudo no hay artículo. El niño copia del adulto frases hechas.

A los 3 años, experimenta la frase compuesta por tres términos, la que el adulto utiliza en general cuando habla. Progresa día a día. Se ejercita en emplear herramientas gramaticales, esencialmente el adjetivo y las preposiciones, pero tiene dificultades de cesura entre las palabras y los géneros. Poco a poco aparecen los determinantes posesivos, entre los que el «mi» es, evidentemente, el primero que utiliza. Su expresión

Dialogar con los niños favorece su aprendizaje lingüístico, además de estrechar los lazos afectivos.

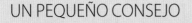

UN PEQUEÑO CONSEJO

A la salida de la escuela no atosigue a su hijo con preguntas, porque corre el riesgo de que no le responda. Es posible que él tenga algunas dificultades para recordar los hechos que han ocurrido hace ya algunas horas y no sea capaz de responder a esta pregunta que parece tan sencilla: «¿Qué has hecho en la escuela?», pero que para él es de una complejidad insuperable. Además, su silencio indica el inicio de una auténtica adquisición de autonomía y libertad: él tiene su vida y usted, la suya.

verbal se perfecciona por tanteo y por imitación de los adultos. La mayor parte de los estudios ponen de manifiesto que un niño de 3 años comprende la mayor parte del lenguaje que utilizará durante toda su vida en una conversación corriente. La frecuentación de la guardería implica un enriquecimiento de su vocabulario y le ayuda en la construcción de frases. Aprender a hablar es indispensable para el desarrollo de su pensamiento y para que más tarde pueda abordar el aprendizaje de la lectura.

Los padres también deben desempeñar un papel importante. Los viajes, las visitas, son momentos propicios para describir un paisaje o una situación divertida y enriquecer así el vocabulario de su hijo. Multiplicar estas ocasiones transformará la lección de vocabulario en un juego divertido.

En materia de gramática, el niño también procede por analogía. El uso del verbo «ser» o «tener» es bastante fantasioso.

36 ¿Por qué nuestro hijo nos hace preguntas continuamente sobre cualquier cosa? ¿Debemos responderle siempre?

Estas preguntas surgen a propósito de todo, a menudo de forma cruda, y a veces a los padres les crea un problema. Hacia los 4 años, el desarrollo intelectual del niño es importante. Sabe que la realidad tiene varias representaciones y que las percepciones pueden no ser constantes e idénticas para todos.

El niño también comprende que las personas de su entorno piensan cosas que no siempre conoce. El deseo incontrolado por el descubrimiento y su buen dominio de la lengua le empujan a hacer muchas preguntas, que son de dos tipos: cognitivas y afectivas.

Todas las preguntas requieren una respuesta, si es posible inmediata, simple y sincera. El niño nunca debe tener la impresión de que se le esconde algo voluntariamente.

En un primer momento, las preguntas tienen que ver con el mundo que rodea al niño. Es lógico que este, que ya ha superado el estado de la identificación, quiera ahora descubrir y conquistar el mundo. Los padres, a veces, se sienten desorientados ante preguntas demasiado difíciles. Entonces pueden simplemente decir a su hijo que necesitan hacer algunas averiguaciones para darle la respuesta más adecuada posible.

Las preguntas afectivas se refieren a los secretos de familia y casi siempre resultan difíciles de satisfacer. Estas preguntas no son fruto de la casualidad, sino que el niño ha percibido alguna cosa: malestar, tristeza, incomodidad. Los padres que deciden responder deben hacerlo con pudor y sin mentir. Sin embargo, algunos secretos son más o menos fáciles de decir y más o menos útiles de conocer a los 4 años. En este caso, el adulto no debe disimular su turbación y pedir al niño que le deje reflexionar sobre el problema antes de darle una respuesta. Otras veces las preguntas del niño se refieren a problemas de la sociedad, más o menos ocultos, más o menos tabús. Hay que pensar siempre que una respuesta insatisfactoria es una fuente de angustia para el niño. Algunas actitudes, sin embargo, deben evitarse. Así, es preferible no simular que no han oído la pregunta del niño, ni eludir el problema con el pretexto de que no es el momento ni el lugar adecuados para hacer este tipo de preguntas.

UN PEQUEÑO CONSEJO

No se ría de su hijo; no le diga: «Ya lo sabrás cuando seas mayor». Evite responderle en voz baja, soslayar la pregunta, contestar a la ligera, replicar con una broma a una pregunta muy seria; o, por el contrario, entrar en demasiados detalles.

37 Nuestro hijo de 4 años hace muchos juegos de palabras, ¿significa eso que es particularmente bromista?

A un niño de esta edad le gusta jugar con las palabras. Le encanta repetir incansablemente palabras sorprendentes como «cocodrilo» o «hipopótamo», a menos que invente palabras nuevas sabiendo muy bien que cambia su uso para hacer reír a los adultos.

El niño, por supuesto, tiene sorpresas con la sintaxis, con la utilización de los prefijos y los sufijos. En particular los prefijos de contrarios como «des-» o «in-/im-» le proporcionan la ocasión de crear neologismos.

Su lengua es viva, creativa, divertida. Se trata de las famosas palabras de niño que a todos los padres les gustaría recordar y que a veces se convierten en códigos de complicidad en la familia. Son, al mismo

Los juegos de palabras forman parte del aprendizaje de la lengua. Les divierte poder repetir continuamente palabras como «cocodrilo», «cacatúa» o «suricato».

tiempo, el testimonio de una gran imaginación y de una auténtica lógica en el razonamiento.

Al niño le gusta hablar, jugar con las palabras, con lo cual no resulta sorprendente que se convierta en el rey de los juegos de palabras.

La mayoría de los juegos de palabras que el niño dice son, primero, involuntarios y luego, cuando crece, intenta crearlos, porque sabe pertinentemente que despertará el interés de sus familiares y les hará reír. Y es que, hacia los 4 años, el niño toma conciencia de que puede jugar con la realidad: inicia un periodo en el que le encantará hacer bromas. Para poder hacerlas conscientemente, ha adquirido lo que los psicólogos llaman «la teoría del ingenio».

A las bromas se asocian las mentiras, pequeñas pero verdaderas, destinadas a engañar deliberadamente a los demás y que permiten sacar provecho de una situación. La fabulación adquiere

UN PEQUEÑO CONSEJO

Recuerde escribir en un cuaderno secreto las «palabras de niño» de su hijo. Se dará cuenta de que se trata de una auténtica poesía familiar, compuesta por la asociación mágica de palabras, un momento que en ningún caso debe olvidar.

entonces diferentes formas: el niño disimula una información o la deforma.

En cualquier caso, estas mentiras no tienen nunca como objetivo molestar, puesto que el niño no posee todavía un sentido moral afianzado.

38 ¿Por qué a todos los niños les encanta decir palabrotas?

Este vocabulario poco correcto puede surgir hacia los 2 años y medio o 3 años, en particular si el niño va a la guardería. Su primera palabrota es la clásica «caca», seguida de cerca por las derivadas «pipi, culo, pito».

Según el psicoanálisis, el niño de esta edad se halla en plena fase sádico-anal. La grosería de su vocabulario está relacionada con su sexualidad y también corresponde a la fase de adquisición definitiva del sentido de la limpieza. Se trata de una etapa de la que el niño está orgulloso pero que todavía le produce algunas inquietudes. Le gustaría tocar y jugar con lo

que está en el fondo del orinal o en el inodoro… pero está prohibido. Entonces transgrede la prohibición jugando con las palabras.

Curiosamente, estas palabrotas no agreden a nadie. Por otra parte, no se dirigen a los demás. El niño las pronuncia simplemente por placer. A menudo sirven para conocer los límites impuestos por los adultos. El famoso «caca» solo dura un tiempo; con la edad, el vocabulario del niño cambiará y utilizará las palabrotas que dicen los adultos. Estas groserías no son provocadoras e incluso se dicen con un cierto cachondeo. «Caca» es también una expresión codificada que se dice entre los compañeros para verificar que se pertenece al mismo grupo.

Algunos expertos consideran que hay que dejar que el niño exteriorice su agresividad para evitar una auténtica explosión más adelante.

A partir de los 4 años, el vocabulario del niño se vuelve mucho más grosero. Utiliza a menudo palabras cuyo significado ignora. Las palabras malsonantes se diversifican y los niños las intercambian en el momento del recreo. Las palabrotas ahora se dirigen a los demás. En la escuela sirven para expresar agresividad. En casa muestran una necesidad de rebelión, una búsqueda de independencia. Numerosos psicólogos comparan este momento con el de la adolescencia. El niño pone a prueba a los adultos, desafía los límites impuestos.

Las palabrotas no se aprenden, en general, en casa. Aunque el vocabulario de los padres no sea muy correcto, el de los compañeros de clase es mucho más rico e interesante. En la mayor parte de casos, los niños de esta edad ignoran totalmente el significado de las palabras que pronuncian. Su florido lenguaje refleja simultáneamente la influencia recíproca de sus amiguitos y el interés, cierto y natural, por las funciones naturales del cuerpo.

UN PEQUEÑO CONSEJO

Al decir palabrotas, el niño juega a ser adulto y se siente poderoso. Pero, tranquilícense, a medida que crezca dirá menos. Por sí solo censurará su vocabulario y lo utilizará de forma consciente. Aunque las palabrotas en general no se aprenden en casa, el vocabulario familiar forma parte de los hábitos del niño. A las palabras vulgares pueden añadirse otras propias del argot, que utilizará de forma natural como otro vocabulario.

39 ¿Debemos reñir a nuestro hijo cuando dice groserías?

En un principio, es preferible sonreír y tomárselo con calma. Una reacción de rechazo y una prohibición demasiado violenta daría pistas al niño para hacerle enfadar. Si realmente lo que ha dicho les ha chocado, deben decírselo.

A los niños hay que explicarles el significado de la palabra que ha pronunciado y hacerle comprender que si quiere que se le respete, también debe respetar a los demás. Algunas palabras deben ser claramente identificadas como intolerables porque hieren. Cuanto más sepa lo que dice, más limitará el niño las palabras groseras. Es deseable hacerle observar que no debe decirlas en sociedad.

Las palabrotas son signos de unidad entre los compañeros; son como decir: «Buenos días, ¿cómo estás?». Al placer de la prohibición pronto se añadirá el de la novedad y la creación. Los niños perfeccionan con malicia el vocabulario de su propio lenguaje grosero, bastante diferente del de los adultos. Su imaginación también en este aspecto es muy prolija y a menudo muy divertida. Por supuesto, siempre son las funciones naturales y las partes del cuerpo relacionadas con la sexualidad las que sirven de base para su creación. La nueva palabra da la vuelta a la clase en pocos minutos y, en el recreo, pasa a formar parte del vocabulario de toda la escuela. Evidentemente, estas «palabrotas» se convertirán en injurias en las peleas entre niños, ya que permiten exteriorizar una buena dosis de agresividad de una forma distinta a la que lo permiten los gestos. A menudo, los niños que menos expresan su cólera o su desaprobación a través del lenguaje son los más violentos físicamente y, por el contrario, los más miedosos son los más brutales en cuanto a su vocabulario.

En casa, el niño utiliza un vocabulario vulgar con sus hermanos y hermanas, lo que, por otra parte, puede ser el medio de expresar un sentimiento de celos que no se atreve a manifestar abiertamente porque sabe que no es aceptado. Sin embargo, el niño utiliza este vocabulario con sus padres solo cuando está lleno de cólera. Cuando lo utiliza ante ellos, lo hace más bien de forma indirecta, y entonces se trata de una

UN PEQUEÑO CONSEJO

No se inquieten; si se dramatiza el problema, este se vuelve crónico. Por otra parte, se darán cuenta de que su hijo utiliza un lenguaje grosero en presencia de una tercera persona que no forma parte de la familia.

No le castiguen, pero enséñenle el placer de las palabras, utilicen términos complicados cuyo significado querrá saber. Constatarán entonces que las palabrotas disminuirán en su vocabulario.

simple provocación verbal para ver hasta dónde puede llegar. Busca la manifestación evidente de la autoridad paterna. Algunas palabrotas, reservadas a los intercambios con sus compañeros, deben evitarse con los abuelos, y si a su hijo le vienen ganas de decirlas, debe ir a calmar su deseo a su habitación.

Muchos padres que se ofuscan ante las groserías de su hijo dan prueba de su mala fe. En realidad, su hijo a menudo les imita. Deben tener una actitud coherente: no se permitan lo que le permiten a él y no culpabilicen a su hijo haciéndole creer que su vocabulario le hace ser desagradable y malo.

Las palabrotas pertenecen a las conquistas del lenguaje de todos los niños y permiten progresos considerables en la pronunciación y, a menudo, son las primeras palabras de los niños que sufren trastornos del lenguaje.

40 ¿Qué aporta la escolarización a un niño en el ámbito del lenguaje?

La guardería, una escuela sin programa, sin lección y sin manual, tiene como primer objetivo enseñar al niño a hablar y a comunicarse, a establecer un auténtico diálogo con los demás niños y con la maestra.

El pequeño escolar descubrirá en la guardería el lenguaje de los demás y el de la maestra, que a veces puede resultarle un tanto difícil de comprender. Esta debe hablar continuamente con los niños y dejar que se expresen con total libertad. Prácticamente todas las actividades del día tienen esa finalidad, y deben darse al niño todas las ocasiones de participar en diálogos más o menos largos y complejos para abordar una auténtica charla.

Todo empieza con un trabajo sobre el lenguaje del recuerdo: la maestra exhorta a cada niño a hacer revivir con palabras los acontecimientos pasados o los que todavía se hallan en estado de proyecto. Ser capaz de evocar estos recuerdos constituye para el niño una auténtica etapa en el aprendizaje de la lengua. La vida escolar es también una ocasión para charlas y debates que le permiten abordar tanto el pasado como el futuro. Este vaivén le ayuda a adquirir cada vez más las nociones de espacio y de tiempo.

A partir de los 3 años, la escuela ofrece a los niños el placer de descubrir los cuentos y los relatos míticos: el maestro cuenta, los niños escuchan y responden a sus preguntas sobre la comprensión del texto. Es importante que el niño, que todavía no se halla en situación de aprender a leer y escribir, se impregne del lenguaje oral y de las estructuras de la lengua escrita, renovada por su relación cotidiana con el libro. Pero la creación «literaria», que conduce al juego con las palabras y la sintaxis, también está presente en la guardería. Los niños elaboran un relato, lo ponen en palabras y le dan forma, mientras que el maestro es el encargado de retranscribirlo en signos escritos. Esta actividad permite a los niños diferenciar la lengua hablada de la lengua escrita.

Otro objetivo de la guardería en el ámbito del lenguaje es hacer descubrir al niño la forma en que las palabras escritas expresan el lenguaje y las realidades sonoras de su lengua. Para ello se utilizan canciones, cuentos y juegos con los dedos, que también tienen la función de hacerle descubrir que las palabras están compuestas por sonidos y que las letras del alfabeto transcriben estos sonidos.

Naturalmente, las enseñanzas de la guardería son todavía más primordiales para los niños que tienen un

UN PEQUEÑO CONSEJO

Esas confusiones de fonemas son el resultado de una mala organización del espacio y el tiempo. Cuanto más precoz sea el tratamiento del niño, mejores serán los resultados. No duden en pedir consejo a título preventivo, sin que haya una obligación de realizar un seguimiento médico inmediato.

La escuela proporciona al niño la posibilidad de explorar otras formas del lenguaje diferentes a las de sus padres.

El aprendizaje de la lectura pasa por una particular atención por los sonidos que componen las palabras. Cuanto más controle el niño la lengua oral, más fácilmente pasará a la escrita.

desarrollo tardío del lenguaje. Se ha constatado que algunos niños, al llegar a la guardería, todavía no saben expresarse mediante un lenguaje comprensible. Se hallan todavía en la etapa del balbuceo. Según Laurence Lentin, investigador de la Sorbona, la adquisición y la estructura del lenguaje requieren la audición de la lengua correcta que los niños hablarán más tarde.

La explosión del lenguaje se produce en general hacia los 2-3 años. Por diversas razones, este no siempre se maneja bien en la familia: los padres no tienen tiempo, no saben cómo hacerlo o no les interesa. La guardería permite reequilibrar las diferencias y compensar las posibles carencias producidas en el entorno familiar. La naturaleza está hecha de diferencias que los niños que viven en comunidad saben explotar. Las diferencias se convierten entonces en ventajas a través del juego de las imitaciones. Cada niño quiere hacer lo mismo que el otro, mejor que el otro y antes que el otro.

El periodo preescolar, aunque sigue teniendo el objetivo fundamental de control del lenguaje oral, inicia otro ciclo de aprendizaje en el que el niño va a aprender a leer y a escribir. Para entrar de lleno con éxito en esta nueva etapa, el niño debe poder comprender el principio que rige el funcionamiento del código alfabético desglosando los enunciados que entiende y las frases que ve escritas. También es necesario que guarde en la memoria la estructura ortográfica de un número de palabras cada vez más importante, que le permitirán una descodificación automática de lo que lee.

La dislexia se diagnostica a menudo en el momento del aprendizaje de la lectura y de la escritura, y afecta del 5 % al 10 % de los niños escolarizados, de los cuales dos tercios son varones y un tercio niñas. Sin embargo, algunas dificultades en el lenguaje permiten prever este trastorno. Los niños susceptibles de ser disléxicos confunden fonéticamente los fonemas sordos y sonoros cuyas articulaciones se parecen, como «baba» y «papa», o «tato» y «dado».

41 Nuestro hijo de 3 años va a una escuela bilingüe. ¿Por qué habla con menos facilidad que sus primos de la misma edad, que solo conocen su lengua materna?

No es nada sorprendente constatar, hacia los 3 años, un cierto retraso de lenguaje en cada lengua. Es indiscutible que el niño que aprende una segunda lengua debe asimilar dos veces más que un niño que solo habla su lengua materna.

El niño se nutre de un «fondo común» de ambas lenguas, que es un signo de un auténtico bilingüismo.

En casos de bilingüismo, la lengua dominante suele ser la de la escuela, por ser la de comunicación con el exterior.

Este retraso es totalmente circunstancial. A los 4-5 años, estos niños tienen exactamente el mismo control del verbo, el mismo conocimiento de los matices y las sutilezas del lenguaje que sus congéneres monolingües en ambas lenguas. En los niños bilingües también ocurre que mezclan las dos lenguas en la misma frase, ya sean palabras aisladas o estructuras gramaticales. Y otros pueden llegar a crear palabras al combinar y fusionar dos términos pertenecientes a lenguas diferentes.

Esta práctica preocupa mucho a los padres, pero no hay motivo para ello, ya que en poco tiempo las cosas se pondrán en su sitio. De hecho, el niño no sufre trastornos particulares, simplemente se expresa con la palabra que se le ocurre primero o con aquella cuya sonoridad le gusta más o le es más fácil de pronunciar. Hacia los 5 años, todos esos defectos habrán desaparecido y el niño se expresará correctamente en ambas lenguas. La lengua dominante puede ser la de la escuela, la de la comunicación con el exterior, por la simple razón de que se trabaja en clase y a menudo de forma mucho más rica que la lengua aprendida en familia, donde las situaciones cotidianas implican siempre una cierta repetición de las mismas conversaciones.

42 Cuando un niño de más de 4 años deforma las palabras, ¿qué debe hacerse?

Hacia los 3-4 años, el niño todavía pronuncia mal las palabras y a menudo no dice las sílabas finales. Si estas sílabas son fáciles, las duplica. De sus primeros años solo conserva algunas dificultades de pronunciación, en particular la de la «r».

A menudo, el niño sustituye las «r» y las «ch» por «p», «m» o «b», consonantes que controla bien. Las deformaciones que se constatan más tarde, hacia los 4 años, son de otra naturaleza. Algunos trastornos de la articulación pueden ser la causa de las deformaciones del lenguaje: algunas palabras son difíciles de pronunciar porque el niño cecea o pronuncia algunas consonantes con un sonido sibilante, pone mal la lengua en relación a los dientes. Las sílabas «cha» y «sa» resultan difíciles de decir hasta los 4 años y medio.

Estos trastornos también pueden deberse a un retraso en el lenguaje: el niño deforma las palabras invirtiendo algunas letras o simplificando fonemas sustituyendo los más difíciles por otros más simples. Por ejemplo «abuelo» se convierte en «güelo». Estas deformaciones no tienen importancia hasta los 4-5 años, pero luego deben ser corregidas. Un retraso en el discurso también puede ser la causa: el niño no utiliza la forma habitual de la frase, porque utiliza los verbos en infinitivo e ignora los artículos. Por último, un retraso global puede reunir varias formas de retraso de locución. La mayoría de estos trastornos pueden ser reeducados por un ortofonista que, en algunos casos, requerirá la ayuda de un psiquiatra infantil. Pero, al margen de las disminuciones importantes que perturban el desarrollo del niño, y en particular el lenguaje, muchos de estos trastornos se deben a factores afectivos y a problemas en el entorno familiar.

Un niño que no puede comunicarse normalmente, que no consigue poner palabras a sus fantasmas y a sus miedos, está sufriendo.

43 Nuestro hijo de 4 años tartamudea, ¿debemos preocuparnos?

El niño sabe perfectamente lo que quiere decir pero no lo consigue. Los sonidos que emite se repiten, se acortan o se alargan de manera involuntaria. Muy a menudo también su respiración es irregular, hace muecas y no coloca correctamente la mandíbula y la lengua.

También puede ocurrir que se agite y haga movimientos de tronco. Lo más curioso es que este niño es capaz de hablar con toda normalidad cuando está solo, cuando canta o charla con personas que conoce bien. Los varones parecen estar más afectados que las niñas. El tartamudeo hace pensar en un paso forzado a las palabras porque estas no acuden de forma natural.

Esto es algo normal en un niño de 2 a 3 años y se observa una fase de tartamudeo en la mayor parte de los niños durante los primeros meses que acuden a la guardería. En general, este defecto no persiste. Sin embargo, si el niño tiene una tendencia a tartamudear, en el 70 % de los casos lo hará antes de los 5 años y en el 95 % de los casos antes de los 7. También parece que este defecto de lenguaje contiene un elemento genético, puesto que se ha constatado que del 30 % al 40 % de los tartamudos nacen en familias en los que existe este problema.

El tartamudeo puede ser de dos tipos: crónico, con repetición de un mismo fonema tomado a menudo de la primera palabra; o tónico, en el que el bloqueo de la palabra va acompañado de movimientos del cuerpo y

Un ambiente distendido en el seno de la familia contribuye a evitar o a minimizar los trastornos del lenguaje.

de un enrojecimiento de la cara. Este trastorno del lenguaje lo sufren los niños emotivos, que tienen prisa por contar todo lo que les sucede y no consiguen dar forma a las palabras. Este trastorno aparece más a menudo en familias en que hay un ambiente tenso debido a una fuerte disciplina, un autoritarismo importante o dificultades financieras. Los niños expresan así una tensión y un nerviosismo latentes. Por supuesto, esta tendencia a tartamudear se acentúa si se produce una perturbación de tipo emocional: una rivalidad hermano-hermana, una fuerte presión educativa o escolar, una mudanza o la separación de los padres. El tartamudeo puede aparecer, en estos casos, de un día para otro.

Si el tartamudeo persiste más allá de los 4 años, su hijo debe ser examinado por un ortofonista, que llevará a cabo con él una reeducación. Esta consiste en volver a enseñar al niño a coordinar la respiración con la articulación. Existen también estancias intensivas centradas en una reeducación global de la palabra, el cuerpo y la mente. Los resultados son espectaculares en los niños motivados.

UN PEQUEÑO CONSEJO

Burlarse de un niño que tartamudea u ordenarle que hable correctamente le crea un estado de ansiedad poco propicio para mejorar su defecto. En un primer momento, es preferible dejar que encuentre el buen ritmo de elocución y ayudarle simplemente a acabar las frases. Pero no ignoren su trastorno de lenguaje, anímenle a la charla, háganle preguntas y, si es necesario, respondan en su lugar: den importancia a la comunicación y no a la forma de hablar. En realidad, tres niños de cada cuatro dejan de tartamudear espontáneamente.

Los trastornos del lenguaje deben ser identificados y tratados antes de los 4-5 años, puesto que pueden dar lugar a complicaciones, como dificultades escolares o psíquicas.

44 ¿Qué aprende de nuevo un niño de 4 años en materia de lenguaje?

El niño controla la lengua cada vez mejor. La asistencia a la escuela le obliga a utilizar formas gramaticales y sintácticas que hacen que su lenguaje sea comprensible para todos.

El niño descubre además que existe un lenguaje colectivo con «varios»: el «nosotros» sustituye al «yo», etc. Por último, la maestra, a través del canto, los poemas y los cuentos le inicia en una lengua poética que el niño ignoraba hasta entonces. Su vocabulario se compone de 2 000 palabras. Diversos estudios demuestran que el niño utiliza primero muchas palabras nuevas y luego parece que las olvide. Pero sabrá extraerlas de su memoria el día en que una situación adecuada le permita recuperarlas.

Paralelamente, con la edad, el niño formula las frases de forma cada vez más compleja. Yuxtapone en primer lugar las frases para construir un relato y luego utiliza coordinaciones como «y, o, pero»; y más tarde emplea muy pronto proposiciones relativas introducidas por «quién». Estas preguntas ponen de manifiesto un cierto control de la lengua. No dice únicamente «¿por qué?» sino también «¿cómo?» y «¿cuándo?». Conjuga cada vez mejor los verbos. Además del presente, ya empieza a utilizar el pasado y el futuro. Conoce también la forma pasiva y hace intentos con el subjuntivo. Para él, las lecciones de gramática son instructivas.

> El niño aprende escuchando y observando la manera en que se expresan los demás y luego deduce de ello reglas de uso.

45 Nuestro hijo es especialmente tímido y poco hablador, ¿cómo podemos ayudarle?

Todos los niños pasan en un momento dado por una fase de timidez. Esta se define por el temor al juicio de los demás y el niño que se siente afectado por ello se considera siempre el centro de interés de la sociedad y de su entorno.

La familia desempeña un papel importante en el hecho de que la timidez se instale de forma definitiva o tenga un carácter pasajero. Las razones de este comportamiento pueden ser múltiples y variadas: un cambio de maestra, una mudanza, la primera invitación de un amigo… Todo ello, sin embargo, no tiene nada que ver con una timidez enfermiza.

En cualquier caso, esta timidez «banal» puede ser un inconveniente en la escuela, sobre todo en el primer

Hay que vigilar al niño inhibido que se identifica con uno de sus padres, que también es tímido. Este debe hacer un esfuerzo para superar su propia timidez.

otros adultos diferentes a los que conoce. Sobre todo, no permitan que se aísle. No duden en invitar a otros niños a que vengan a jugar con él. Cuando haya superado sus primeros temores, sin duda estará preparado, sin demasiadas reticencias, para dar los primeros pasos hacia los demás. Pero no le fuercen, porque esto todavía le haría sentir más incómodo.

Si su hijo es tímido es que no se siente seguro de sí mismo y entonces es mejor hacerle sentirse valorado que hacerle reproches o burlarse de él. Eviten, a través de palabras poco apropiadas, hacerle dudar sobre sus capacidades. Demuéstrenle a su hijo que, en determinadas circunstancias, los mayores también pueden sentirse intimidados.

La timidez también es una forma de protegerse. Un niño sensible e introvertido puede utilizarla mientras observa su entorno y sus reacciones. Cuando se haya forjado una opinión, entrará en relación con las personas a las que habrá juzgado. El niño tímido es un niño con el que resulta fácil vivir en casa. Es dócil, obediente, participa en la vida de la familia. En general, se aprecia su reserva.

La timidez puede a veces ocultar una inhibición, un trastorno de la confianza en uno mismo, un repliegue sobre sí mismo o incluso un retraso. Al niño tímido rara vez se le aplica un tratamiento, cuando de hecho corre más riesgos que un niño agitado. La inhibición puede encerrar al niño en un mundo interior, provocar una falta de confianza que acarree una actitud regresiva y retrasos en el desarrollo.

UN PEQUEÑO CONSEJO

No fuercen a su hijo a una socialización demasiado difícil para él. Esperen, él irá tranquilamente al encuentro de los demás. Para ayudarle a ser menos tímido, favorezcan las actividades en las que destaca, propónganle hacer algunos encargos sencillos y dejen que se las arregle solo. No se burlen de él y no le bloqueen con una autoridad excesiva. Piensen también en felicitarle por sus esfuerzos para vencer su timidez.

curso de primaria. El niño está demasiado inhibido para hablar. Cuando el maestro le pide que lo haga, pierde todas sus capacidades. Esta actitud le excluye a menudo de la vida de la clase y del grupo de alumnos.

Tratar una timidez excesiva no es fácil. Según parece, el medio más seguro de combatirla es dar al niño la ocasión de vivir fuera de la familia con otros niños u

Los padres pueden ayudar a su hijo proponiéndole compartir con él actividades como el dibujo o la lectura, poniéndole en una situación en que tenga que expresarse y favoreciendo su integración en un grupo. La práctica de un deporte que se pueda hacer primero de forma individual y luego de forma colectiva es una buena solución, como por ejemplo el fútbol para los niños y la danza para las niñas.

46 ¿Cuándo nuestro hijo será capaz de aprender otra lengua además de la suya?

Todos los niños pueden aprender una lengua, sea cual sea. Antes de la pubertad, la estructura del cerebro les permite aprender fácilmente de dos a tres lenguas además de la suya.

Cuanto antes aprende el niño una lengua, antes habla con un buen acento, adaptando su pronunciación a la de su entorno. Las aportaciones del medio en que vive son, pues, esenciales. Este aprendizaje se lleva a cabo por imitación y se sabe que el niño está muy dotado en este ámbito.

El niño es capaz de restituir sin problemas los sonidos que ha oído, mientras que se ha constatado, sin saber demasiado por qué, que un niño, a partir de los 6 años, ya tiene bastantes dificultades en este ejercicio. Algunos lo atribuyen a una defensa inconsciente de la lengua materna dominante.

El niño también está muy dotado en cuanto a la gramática y a las estructuras de la frase. De hecho, aprende de manera no analítica. Según parece, a partir de un cierto número de frases que ha oído, deduce unos principios de gramática y las aplica a un número infinito de combinaciones.

Por esta razón, el niño tiene una capacidad intrínseca de aprender una lengua. La gramática aún será vacilante, aproximada, llena de lagunas, pero el niño progresará día a día y así, poco a poco, asimilará en particular las excepciones a las reglas de concordancia y conjugación. De hecho, el niño aprende una segunda lengua como lo hace con la primera, hablando.

El niño experimenta y corrige, si es necesario, por tanteo. La adquisición del vocabulario es muy diferente a la del adulto. El niño nunca busca el equivalente en su lengua materna, sino que cada palabra tiene una realidad autónoma y coherente.

UN PEQUEÑO CONSEJO

Estas son las preguntas que deben hacerse los padres cuando se plantean que su hijo aprenda una segunda lengua:
– ¿Qué lengua es la que se habla espontáneamente en casa?
– ¿En qué lengua se comunican ellos en general?

Si los padres viven en el extranjero:
– ¿Frecuenta el niño la escuela del país en que reside la familia o la que corresponde a su lengua?
– ¿Cuál es la duración de la estancia en el país extranjero?
– ¿En qué país tiene el niño más posibilidades de realizar sus estudios superiores?

Los problemas de lenguaje que se achacan al bilingüismo en realidad son poco frecuentes; en general, más bien ocultan otras dificultades, a menudo relacionales.

Así, no le resulta difícil ser bilingüe, incluso trilingüe, sobre todo si sus padres tienen cada uno una nacionalidad diferente y pueden ayudarle a adentrarse en diversas culturas y hacerlas convivir con toda naturalidad.

Por supuesto, para el niño la principal motivación de este aprendizaje es su utilidad, pero también, un poco más tarde, el prestigio social relacionado con esta lengua, lo que explica las dificultades de los niños de los padres inmigrados para controlar su lengua materna.

47 ¿A partir de qué edad podemos enseñar a nuestro hijo las fórmulas simples de cortesía?

En general, los niños aprenden las reglas de buena conducta en contacto con los demás en la vida diaria. Por experiencia, saben que tienen que esperar su turno para subir al tobogán del parque o para que les atiendan en la heladería.

Las nociones de cortesía han evolucionado mucho, pero unas pocas son indispensables para vivir en sociedad y ser aceptado.

Resulta mucho más difícil hacer comprender y asimilar a los niños otras fórmulas que no les parecen directamente útiles, como «buenos días, adiós, gracias, por favor», que son frases meramente convencionales, y que para ellos no tienen una utilidad primordial.

Los primeros aprendizajes en fórmulas de cortesía se hacen, en primer lugar, por simple imitación de los adultos que, por otra parte, nunca deben tener la impresión de enseñar: el respeto por los demás y la cortesía deben ser espontáneos.

Pero se puede pedir al niño que adquiera la costumbre de acompañar sus peticiones con «por

UN PEQUEÑO CONSEJO

El niño será cortés si sus padres lo son. En este terreno, como en otros, les copia. No querer decir «buenos días» o «por favor» significa poner en entredicho la autoridad de los mayores. Si el niño se niega obstinadamente a aprender las fórmulas elementales, es preferible no insistir, pero entonces hay que tratarle todavía con mayor cortesía.

A los 3-4 años, el niño sabe decir: «buenos días, adiós», da la mano a los desconocidos y besa a sus familiares. A los 4-5 años, debe decir sin pensar: «por favor, gracias, perdón».

favor» y decir «gracias» cuando le dan lo que ha pedido. ¿Y por qué no animarles a formularlas por sí mismo? «Por favor» permite que los padres comprendan, y «gracias» da derecho a un beso más.

A medida que pasen las semanas y los meses, el niño observará que la cortesía elemental facilita las relaciones con los demás y que puede servirle el día en que deba enfrentarse a una situación poco frecuente.

A la imitación de los primeros años le sucede la identificación con los demás, y el modelo parental adquiere entonces todo su valor. El niño soportará

las observaciones de sus padres y les prestará más atención si estos le precisan qué reglas de buena conducta debe seguir, en particular cuando se encuentre en situaciones nuevas.

Una visita a casa de unos amigos o de los abuelos siempre constituye una ocasión para comprobar si el niño ha adquirido determinados reflejos de cortesía. Si es así, hay que hacerle cumplidos de forma afectuosa para que se sienta adulado. En el caso contrario, hay que recordarle las reglas que debe respetar e insistir en su reconocimiento unánime. Pero, atención, demasiada insistencia o demasiados cumplidos pueden hacer creer al niño que esta es una manera de negociar.

A algunos niños les resulta muy difícil decir «buenos días» a personas a las que ven poco o por primera vez. Se trata de un problema de timidez. Por último, hacia los 3-4 años, muchos de ellos pasan por una fase de oposición.

La educación también se refleja en el lenguaje utilizado; las fórmulas de cortesía son un reflejo de ella.

48 Cuando nuestro hijo tenga 6 años, ¿cómo progresará en el terreno del lenguaje?

Un niño de esta edad sigue desarrollando su vocabulario haciendo hincapié en pronunciar bien las palabras. Utiliza palabras abstractas que todavía no sabía para tener un buen control de la lengua hablada, indispensable para entrar en el mundo de la palabra escrita.

El niño utiliza cada vez mejor la sintaxis y puede construir frases con pronombres, verbos conjugados prácticamente en todos los tiempos y sabe utilizar conscientemente las nociones de tiempo y espacio, asociadas en general al verbo «ir», lo que demuestra que conoce bien la noción de movimiento. La palabra «sobre» aparece en su vocabulario antes que «debajo», asociada sobre todo a «esconder». Es capaz de encadenar frases relativamente complejas, utilizando varias preposiciones.

La pronunciación del niño es casi perfecta porque sabe controlar muy bien los movimientos de la lengua y puede situarla correctamente en el arco de los dientes. Cuando viven en un lugar donde se habla con un fuerte acento regional o en el entorno de una familia con un tipo de pronunciación específica, los niños adoptan sus características.

Desde hace poco tiempo saben compartir con sus amigos actividades colectivas en las que todos deben respetar las reglas. Entre dos niños se establece un verdadero diálogo, una verdadera colaboración.

El estudio de la conversación entre niños muestra un enriquecimiento mutuo del vocabulario y la experimentación de nuevas formas gramaticales. Se ha observado que durante los juegos utilizan el condicional. También intercambian ideas y se enseñan recíprocamente nociones más o menos abstractas.

> La asistencia a la guardería le ha enseñado a dialogar libremente con sus compañeros. A los niños les gustan mucho estos intercambios, que les permiten jugar en un ámbito de perfecto entendimiento.

> Los niños desarrollan un lenguaje propio para comunicarse entre ellos, un idioma que los adultos no siempre comprenden.

49 Nuestro hijo comete a menudo faltas gramaticales, ¿debemos reprenderlo por ello?

Nunca se repetirá lo suficiente: para aprender a hablar no hacen falta lecciones. El niño adquiere un buen lenguaje en primer lugar oyendo palabras, muchas palabras, pero ante todo deben ser precisas y no complejas.

El niño memoriza sin dificultad estas palabras y comete muchas faltas gramaticales por las que no hay que reprenderle si no se le quiere desanimar o hacerle perder las ganas de expresarse. Para ayudarle a encontrar la forma adecuada basta con que, de manera natural, los padres utilicen la expresión correcta en la conversación. El niño, que sabe que está aprendiendo, se dará cuenta y él mismo corregirá sus frases. Las faltas más corrientes del niño son las que se refieren a las conjugaciones, la utilización de los tiempos sucesivos y las fórmulas que implican negación.

Los verbos irregulares le suponen muchas dificultades.

El niño menor de 6 años necesita hablar, expresar sus sentimientos, contar los acontecimientos de la vida diaria. La causa de que no pronuncie correctamente algunas palabras es la inmadurez de su aparato fonador. Si comete faltas de sintaxis es simplemente porque está realizando un aprendizaje. Situar correctamente los adverbios y los artículos, o conjugar los verbos es una cuestión de escucha, de tanteo y de instinto.

Hablando con el niño, contándole historias, obligándose a nombrar cada cosa con la palabra adecuada, los padres ayudan al niño a aprender las formas correctas del lenguaje.

UN PEQUEÑO CONSEJO

Si riñen a su hijo cuando comete la más mínima falta de pronunciación o de sintaxis le dan la impresión de que lo que ha dicho no tiene ninguna importancia. Lo que él quiere es que se el anime y no que se le repriman sus experiencias. Al reñirle, le lastiman y pronto constatarán que deja de progresar o que incluso se encierra en el mutismo.

50 Nuestro hijo tiene ciertas dificultades de lenguaje, ¿en qué consiste el trabajo con un ortofonista?

El trabajo del ortofonista pretende corregir todos los problemas de lenguaje, tanto en los niños sordos como en los que oyen bien pero que tienen un retraso en el lenguaje en relación con su edad o que tienen dificultades de pronunciación o de voz.

El ortofonista trabaja por prescripción de un otorrinolaringólogo, un psiquiatra infantil, un neurólogo, un médico de familia y un pediatra y en relación con ellos. También puede hacerlo por consejo de los maestros. La calidad del ortofonista se mide por su capacidad de escucha. En primer lugar, intenta establecer una relación de confianza con el niño. Sus técnicas de reeducación son siempre lúdicas, y utiliza un material de colores vivos para medir el deseo de descubrimiento del niño y su grado de participación en su propia reeducación.

Luego, los diferentes aspectos del lenguaje del niño con dificultades se exploran con un test ortofónico. Este ayuda sobre todo a verificar las primeras hipótesis planteadas por el diagnóstico. A lo largo de la reeducación, se hacen tests intermedios para medir la capacidad de comprensión y de expresión del niño, así como la eficacia de los medios empleados.

Para el trabajo de la respiración y los ejercicios de vocalización y de pronunciación, el ortofonista propone juegos y libros para animar al niño a expresarse, centrar su atención, trabajar su memoria y organizar su pensamiento. Así, la reeducación de un niño disléxico empieza con un trabajo sobre las formas visuales y los sonidos y luego sigue con la

Tartamudear y cecear son los trastornos del lenguaje más evidentes. Rápidamente se informa al médico de ellos porque perturban la buena comunicación con la familia.

lectura y la comprensión de los textos, insistiendo en las dificultades siempre que sea necesario. En general, cada sesión de reeducación dura 50 minutos, lo que representa un gran esfuerzo de concentración para el niño e impone un buen entendimiento entre él y el ortofonista.

UN PEQUEÑO CONSEJO

En casa, no quieran hacer de terapeutas, conténtese con dar a su hijo la ocasión de orientarse en el espacio con juegos como los libros con casillas-sorpresa, o en el tiempo con juegos de cartas de series lógicas o proponiendo la observación de las estaciones. Los juegos de Memory permiten trabajar la memoria: el niño debe encontrar, entre las cartas puestas boca abajo, las que asocian dos imágenes iguales.

Las principales referencias de la evolución del lenguaje

DE 3 A 4 AÑOS

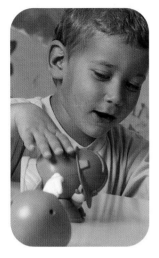

Desarrollo psicomotor

Entre 3 y 4 años
- El niño sube las escaleras poniendo un pie en cada peldaño, y cuando baja, se salta el último.
- Libera su energía en las actividades deportivas: triciclo, patines con ruedas, juegos de pelota. Le encanta todo lo que se mueve.
- Hace dibujos identificables y empieza a nombrar los colores.
- Sabe abrocharse y desabrocharse los botones y atarse los cordones de los zapatos.
- Construye torres de nueve cubos y edificios complicados con estos cubos.
- Empieza a utilizar bien las tijeras, una prueba de los inicios de la coordinación cerebro-músculos, indispensable para tener una buena coordinación manual.
- Empieza a tener algunas nociones de las reglas y del desarrollo temporal de los acontecimientos, lo que le permitirá participar en juegos en los que cada uno interviene siguiendo un turno de acuerdo con una regla válida para todos.
- Es capaz de ponerse en el lugar del otro. Esto significa el inicio de las primeras amistades verdaderas y sólidas.
- A menudo tiene un amigo imaginario.
- Esbozos de inicio de los juegos de imaginación e imitación.
- Todavía es capaz de concentrarse y puede pasar una o dos horas con el mismo juego.
- Le sigue gustando manosear, el sentido del tacto sigue siendo importante para él.
- Sabe que es un niño o una niña y se siente muy cómodo con su sexualidad.

Desarrollo del lenguaje

Entre 3 y 4 años
- La fluidez de su lenguaje mejora.
- Todavía tiene algunas dificultades de pronunciación: cecea a menudo.
- En sus frases utiliza la conjunción y los pronombres «yo, tú, mío».

- Empieza a comprender la noción de tiempo y utiliza el vocabulario correspondiente.
- Habla como un adulto utilizando los artículos, los pronombres, los verbos conjugados, algunos adverbios y los términos interrogativos.
- Comprende las explicaciones simples y la relación de causalidad.
- Cuenta hasta 10.
- Lo que aprende en la guardería tiene el objetivo de prepararle para la lectura y las matemáticas desarrollando en él la memoria visual y la lógica.
- La escuela le entrena en la organización y el análisis de las informaciones visuales. Así, aprende a reconocer la sutileza gráfica de algunas letras y de algunas palabras.

DE 4 A 6 AÑOS

Desarrollo psicomotor

Entre 4 y 5 años

- Sus movimientos están bien coordinados, salta, escala, baja las escaleras deprisa poniendo un pie en cada peldaño.
- Dibuja un círculo, líneas paralelas y sabe recortar bien.
- Dibuja unas magníficas figuras humanas con cabezas grandes, cuya anatomía se perfecciona con pelo, orejas, manos, pies y ombligo, y algunos detalles que permiten identificar su sexo.
- Sabe comparar lo que es más grande y más pequeño y empieza a tener sentido del orden.
- Es un niño muy imaginativo que empieza a ser paciente, pero que a menudo es autoritario.

A los 6 años

- Tiene una gran necesidad de movimiento y rebosa actividad, corre y se sube a todas partes. Salta a la pata coja o con los dos pies juntos. Estas nuevas capacidades le permiten ir en bicicleta, en monopatín, saltar a cuerda, hacer esquí, acrobacia y juegos de pelota.
- Su habilidad manual le permite hacer actividades delicadas. Lo que más le gusta es tener actividades propias de adultos y participar en actividades con estos.
- Conoce su dirección y algunos números de teléfono.

- Reconoce el encadenamiento de los días y, a menudo, de las estaciones. Se interesa por las horas del día. También se orienta en el entorno y conoce el camino para ir a la escuela o a la panadería. Aparecen las nociones de cantidad.
- Es creativo, está orgulloso de sus producciones. Le gustan los lápices, la pintura y recortar.
- Tiene algunas dificultades para concentrarse.
- Su espíritu lógico hace grandes progresos. A partir de lo que constata o de lo que aprende es capaz de generalizar para deducir reglas.
- Le encanta contar, jugar a simular. Le apasionan los teclados y las pantallas.

Desarrollo del lenguaje

Entre 4 y 5 años
- Su vocabulario se enriquece con adjetivos matizados: conoce unas 2 000 palabras.
- Le encantan las palabras nuevas y se ejercita en su utilización.
- Utiliza con placer las palabras de argot e inventa palabras propias.
- Empieza a dar órdenes.
- Intenta utilizar el condicional.
- Ha integrado el concepto de probabilidad y posibilidad.
- Utiliza verbos conjugados en pasado.

A los 6 años
- Imagina historias pero mezcla con facilidad lo real y lo imaginario, aunque lo real ocupa cada vez más terreno.
- Le gustan las bromas y el humor.
- Su vocabulario sigue progresando y cada vez es más preciso. Le encantan las palabras.
- Se expresa con una gramática correcta y una buena pronunciación.
- Los libros le atraen mucho.
- Accede al pensamiento simbólico.

Glosario

> Aparato fonador > Articulación > Audición > Cerebro
> Consonantes > Disfasia > Gemelos > Genética
> Inteligencia > Memoria > Sílabas > Sintaxis > Vocales
> Voz de la madre y del padre

Aparato fonador

Es el conjunto de los órganos que permiten la emisión de los sonidos del lenguaje.

Se compone de:
- los pulmones, que proporcionan el aire que atraviesa el conducto vocal, constituido por varias cavidades por las que pasa el aire procedente de los pulmones;
- los órganos articuladores: la lengua, los labios, las mandíbulas, el velo del paladar, la pared posterior de la faringe, que modifican el trayecto del aire en el conducto vocal para formar sonidos diferentes. El velo del paladar es una parte blanda y móvil situada en la parte de atrás del paladar. Es una válvula que permite que el aire pase por la nariz cuando está abierta o por la boca cuando está cerrada;
- la faringe, un conducto que permite la comunicación entre las fosas nasales y la boca, por un lado, y entre la laringe y el esófago, por otro;
- la laringe, situada en la parte de arriba de la tráquea y donde se hallan las cuerdas vocales. De hecho, son pequeños repliegues de músculos y ligamentos que abren y cierran la glotis, provocando una vibración regular del aire expulsado de los pulmones. Las frecuencias de vibración de las cuerdas vocales determinan el volumen de la voz. Cuanto más vibran las cuerdas vocales, más alta es la voz.

Es interesante observar que los órganos que el niño necesita para hablar, aparte de las cuerdas vocales, en un primer momento se utilizan para otras funciones: la cavidad bucal, los labios, la lengua, los dientes y el esófago son indispensables para que el niño pueda alimentarse, y los pulmones y la tráquea para que respire. La evolución de estas funciones es lo que permite el acceso al lenguaje.

Articulación

En el plano de la articulación, lo más difícil son las consonantes.

Las consonantes requieren movimientos diversos y ponen en marcha varios órganos (músculos, nervios) o funciones, bien simultáneamente o uno detrás de otro, pero durante un tiempo extremadamente corto: entre 1/20 y 1/10 de segundo en una conversación corriente. Este arte de la pronunciación no es innato y el niño debe aprenderlo y entrenarse en el mismo.

El niño que tiene dificultades de articulación en primer lugar debe poder hacer una diferenciación auditiva entre las consonantes orales y nasales, y más tarde aprenderá a organizar las diferentes funciones indispensables para una pronunciación clara y diferenciada de cada consonante. Algunos niños tienen una particular dificultad con las consonantes parecidas que simplemente se diferencian por la vibración o la nasalización, como «p/b, b/m» o bien «rr/r».

Audición

Mucho antes de nacer, el bebé reacciona ante las estimulaciones auditivas a partir de la semana 22 de gestación y su audición es normal a partir de la semana 35.

La mayor parte de los sonidos de una intensidad media o fuerte se oyen en el útero. Aquello que permite la transmisión de los sonidos es el líquido amniótico en el oído medio y en la caja del tímpano. La expulsión de este líquido al nacer, cuando el bebé da el primer grito, y la eliminación de una sustancia cerosa que tapona los oídos del bebé, le proporcionan una capacidad auditiva perfecta.

De todos los requerimientos y estimulaciones sensoriales que recibe el bebé, se estima que los que proceden de la audición son los más ricos y variados. El bebé descubre el mundo a través de la escucha. La relación entre las informaciones auditivas y visuales le abre el camino de la comunicación verbal. Una buena audición desempeña un papel importante en la verbalización, la fonación y la elaboración de la palabra y del pensamiento expresado verbalmente.

No es, pues, de extrañar que un retraso en el lenguaje o en la palabra o un trastorno de la articulación sean el resultado de una dificultad en el ámbito de la otorrinolaringología, incluso cuando hace tiempo que se ha curado. Una audición incompleta perjudica la elaboración de una palabra precisa.

Las otitis repetidas y todas las lesiones del conducto pueden acarrear pérdidas auditivas de 30 a 40 dB. Las consecuencias en el desarrollo del lenguaje son más o menos importantes según los estadios en que se produzcan estas lesiones. La pérdida auditiva de 20 a 40 dB impide una distinción correcta de los contrastes fonéticos. Así, el niño puede tener dificultades de articulación y no percibir bien una voz baja. Un niño con estos problemas se cansa pronto, sobre todo a partir de la escolarización. Solo un audiograma permite una auténtica apreciación del grado de lesión auditiva:

- una pérdida auditiva de 40 a 70 dB provoca que el niño perciba mal una voz de intensidad normal así como su articulación: su lenguaje es imperfecto. Para adquirir un buen nivel de lenguaje y seguir una escolaridad normal, el niño debe llevar un audífono;
- si la pérdida auditiva es de 70 a 90 dB, el niño reconoce los ruidos habituales, algunas vocales, pero tiene dificultades para las consonantes. El niño comprende mal lo que se le dice y a veces compensa estas dificultades con una lectura labial. Este niño necesita un audífono y una educación para el lenguaje y la palabra.

Existen, pues, diversos tipos de sordera de diferentes grados que conllevan dificultades más o menos importantes en la expresión oral. Las sorderas se clasifican en sorderas de transmisión, cuando está afectado el oído externo o medio –en general son transitorias–, sorderas de percepción, provocadas por una lesión del oído interno, y sorderas centrales, debidas a un problema de orden neurológico.

Cerebro
En el cerebro no existe un centro único que sea el del lenguaje, sino que son varias áreas del córtex y del encéfalo las que, en un sistema de asociaciones complejas, permiten la emergencia de la palabra.

De entre los territorios especializados, algunos, si están alterados, impiden acceder al lenguaje, mientras que la alteración de otros territorios solo deteriora algunos aspectos del mismo. Sin embargo, cada área forma parte de una red que trata las informaciones procedentes de otra área, las transforma y las transmite a su vez.

Las informaciones auditivas llegan hasta el lóbulo temporal pasando de uno a otro enlace. Las reciben los dos hemisferios cerebrales, pero el hemisferio izquierdo es el más importante en el ámbito del lenguaje, puesto que es el que analiza las informaciones lingüísticas y elabora los esquemas de producción.

Las investigaciones médicas han permitido determinar las áreas principales para el lenguaje. El área de Broca actúa sobre los esquemas motores de la palabra. El área de Wernicke desempeña un papel esencial en el tratamiento de las informaciones auditivas, en particular las lingüísticas. La unión temporoparietal desempeña múltiples funciones, entre ellas la comprensión del lenguaje y la confrontación de las informaciones nuevas con las experiencias anteriores.

El hemisferio izquierdo del cerebro es dominante en el lenguaje, puesto que rige el 95 % de esta función en las personas diestras y en la mayoría de los zurdos. El hemisferio derecho tiene la tarea, por ejemplo, de asociar una palabra a un objeto o a su imagen, o bien la de proporcionar las cualidades prosódicas de la palabra.

Existe una diferencia importante entre el adulto y el niño que sufren una lesión cerebral localizada, por ejemplo tras un traumatismo craneal accidental. La afasia que le sigue afecta menos al lenguaje del niño que al del adulto y su capacidad de recuperación es muy superior. Según parece, una determinada elasticidad cerebral permite que otros territorios cerebrales compensen la pérdida de los que se han lesionado. Estos territorios están situados en el hemisferio derecho.

Otro fenómeno importante: cuando un niño no ha podido aprender a hablar en los primeros años, aunque más tarde sea sometido a una inmersión de lenguaje, será incapaz de adquirir un lenguaje normal. Parece, pues, que si los territorios cerebrales útiles para el lenguaje no se utilizan en la edad normal del aprendizaje básico de la lengua materna, ya no pueden evolucionar y su función se queda definitivamente bloqueada.

Esta constatación confirma la idea de que el cerebro del niño solo se desarrolla normalmente si recibe de forma muy precoz estimulaciones variadas y numerosas. Cuando más se estimula al bebé en el plano auditivo y lingüístico, más sonidos emite, más se desarrollan las sinapsis de sus neuronas y elaboran esquemas auditivo-motores que interfieren con otras informaciones.

Consonantes
Son los sonidos producidos por la abertura brusca del canal bucal, inmediatamente posterior a su cierre parcial o total.

Las consonantes se clasifican según su punto de articulación y su modo de articulación:
• las labiales se pronuncian utilizando los labios para articularlas. Son bilabiales cuando se utilizan los dos labios, para decir, por ejemplo, «p, b, m»;

- las dentales se emiten apoyando la punta de la lengua en la parte posterior de los dientes superiores: «t, d» son dentales;
- las nasales son el resultado de un paso del aire por el conducto nasal gracias a que se baja el velo del paladar: «m, n, ñ» son nasales;
- las velares se pronuncian apoyando la parte trasera de la lengua en el velo del paladar: la «k» y la «g» son velares;
- las fricativas llevan este nombre porque sus sonidos se parecen al de una fricción. Son el resultado de una obstrucción parcial de la boca con la lengua: la «f, s» son fricativas;
- las oclusivas se pronuncian con una obstrucción total del paso del aire por la boca. Existen oclusivas labiales, dentales y velares.

Disfasia

Se trata de un retraso de lenguaje duradero y significativo con relación a la edad del niño.

El niño no sufre ningún trastorno de audición o del aparato fonador, ninguna deficiencia intelectual, lesión cerebral, ni tampoco una carencia afectiva o educativa grave. La disfasia puede manifestarse por perturbaciones más o menos graves: una expresión poco precisa o telegráfica, compuesta por palabras aisladas, trastornos de sintaxis y ausencia de palabras. A menudo la disfasia conlleva una mala comprensión del lenguaje oral. Estas dificultades pueden tratarse, pero siempre dejan una huella más o menos profunda, según los casos, del trastorno original.

Los especialistas consideran que las causas de las disfasias son multidireccionales y las califican de «trastornos del neurodesarrollo». El factor genético desempeña también un papel importante puesto que se han constatado graves riesgos en niños de familias en que existen antecedentes disfásicos o hermanos y hermanas que sufren este trastorno.

Los padres deben inquietarse si advierten que su hijo no adquiere alguna etapa fundamental en el desarrollo del lenguaje respecto al desarrollo normal y común de todos los niños. La consulta a un otorrinolaringólogo permite establecer un diagnóstico preciso e iniciar una reeducación con un ortofonista. Según los casos, puede resultar útil la intervención de otros especialistas: experto en psicomotricidad, ergoterapeuta, fisioterapeuta o psicólogo. A menudo debe ayudarse a los padres para que puedan mantener una interacción estimulante con los niños con problemas de comunicación.

Gemelos

El desarrollo del lenguaje en los gemelos es singular. Este dúo sabe perfectamente cómo organizarse y establecer un código de comunicación específico para ambos.

Todo empieza con el lenguaje de los gestos, que son numerosos: en sus intercambios, los gemelos se tocan mucho y sus gestos en general se completan sorprendentemente en todos sus juegos. En la edad de las primeras palabras, elaboran entre ellos un lenguaje personal e intercambian sonidos que solo tienen un significado propio.

Sin embargo, básicamente las palabras que utilizan proceden de la lengua que se habla en su entorno pero con grandes deformaciones y un significado vago. Esta jerga se denomina «criptofasia». Los niños que tienen poco contacto con otros niños de su edad o los que no tienen hermanos o hermanas corren un riesgo potencial en este sentido.

El hecho de ser dos no estimula la adquisición del lenguaje e incluso tiene la consecuencia de retrasar su aprendizaje. Se aconseja a los padres que provoquen al máximo los momentos de separación entre gemelos. Así, es preferible escoger formas de guardería diferentes, individualizar los momentos de comunicación padres-hijo y, durante las vacaciones, hacerlo con familias de acogida distintas: uno puede ir a casa de los abuelos paternos y el otro a la de los abuelos maternos. Cada uno de los gemelos comprenderá entonces la necesidad de adoptar la lengua común al resto de la familia.

Genética

Hablar es propio del ser humano y este está programado genéticamente para ello.

El psicólogo Henri Wallon define esta función como «biológico-social». Es biológica porque forma parte del potencial genético de todo ser humano, y social porque para desarrollarse necesita unos interlocutores que hablen y respondan a las primeras expresiones instintivas y orales. Según el lingüista Noam Chomsky, no existe ninguna duda: el niño nace con un centro de adquisición del lenguaje que contiene la estructura universal del lenguaje, común a todas las lenguas. Esta teoría ha sido rebatida por el psicólogo Jean Piaget, que sostiene que el aprendizaje de la lengua está relacionado con el aprendizaje motriz, y que el niño construye su lenguaje a través de la acción. El conocimiento y las reflexiones intelectuales se ponen en marcha ante la capacidad de expresarse mediante palabras.

Inteligencia

En el niño, la inteligencia se apoya en dos pilares. El primero es su necesidad innata de descubrir con un deseo inmoderado todo lo que es nuevo y complicado. El segundo es el fenómeno de habituación.

Un niño, tenga la edad que tenga, mira o escucha durante más tiempo lo que no conoce que lo que ya conoce. Cuando se ha acostumbrado, cambia con bastante rapidez su punto de atención.

Entre los 10 y los 18 meses se interesa por los objetos que le rodean y su manipulación. Sus sentidos le permiten asimilar un cierto número de conocimientos y es capaz de acomodarse, es decir, de encontrar el gesto adecuado para obtener el resultado que busca. Sus primeros descubrimientos le llevan a ampliar lo que aprende. Descubre que sus gestos son la causa de su éxito y que la «causalidad» le abre las puertas de la comunicación.

Hacia los 14-15 meses aparece el razonamiento sensorio-motor: el niño empieza con una auténtica reflexión interior sobre los medios que debe utilizar y solo después actúa. Es también la edad en que adquiere la noción de permanencia del objeto: busca el objeto desaparecido porque sabe que sigue existiendo, incluso fuera del alcance de su mirada.

De los 18 meses a los 2 años, el niño es capaz de elaborar representaciones mentales; de los 2 a los 4 años aparece el juego simbólico y, a partir de los 7 años, surgen la intuición y la noción de reversibilidad de las acciones.

Al estadio de la habituación le sigue el aprendizaje asociativo: tal objeto se parece a tal otro, tal sonido es semejante a tal otro. A este estadio le sigue el aprendizaje de los esquemas sensoriomotores y los esquemas cognitivos que le serán útiles a lo largo de toda su vida.

Hablar es un acto eminentemente inteligente puesto que significa transformar un pensamiento o un encadenamiento de pensamientos en una auténtica serie verbal con un significado. El lenguaje permite distanciarse de los acontecimientos vividos, transformar la experiencia en concepto y transmitirla a los demás.

Memoria
La adquisición del lenguaje, como cualquier aprendizaje, no puede hacerse sin memoria. La del niño es totalmente nueva y, por tanto, debe construirse.

Así es como las informaciones que dan los sentidos se codifican y transmiten al cerebro, bien por un impulso de tipo eléctrico, bien en forma de síntesis de una molécula. En realidad, no existe un centro de la memoria. Lo que se aprende se conserva en varias estructuras neurológicas del cerebro. En las funciones de comparación y verificación se producirán vaivenes para acceder a ellas.
La memoria del niño es mejor porque su aparato neuronal es «nuevo». Su tiempo de sueño, mucho más largo que el del adulto, le ofrece una perfecta consolidación de las informaciones memorizadas. La memoria de un bebé está relacionada esencialmente con las funciones cerebrales, la inteligencia y la afectividad. Según parece, la memoria existe muy pronto en el bebé, pero esencialmente está relacionada con el contexto de los acontecimientos. Según Marie-Germaine Pêcheux, psicóloga investigadora, la memoria del niño se basa en elementos de reconocimiento, y solo más tarde se convertirá en un acto voluntario y consciente.

Pero la memoria no puede funcionar sin olvido. Así, el niño no puede almacenar en la memoria todo lo que descubre durante el día, sino que durante el sueño paradójico su cerebro hace una selección de lo que debe o no conservarse para su desarrollo futuro.

Existe otro fenómeno sorprendente en la construcción de la memoria del niño. Con 1 año y medio, el niño recuerda una situación que ha vivido, una cara o un lugar que ha visto seis meses antes. Los recuerdos, en esta época de la vida, son incluso muy vívidos, quizá debido a la novedad de los circuitos de la memoria. Pero el niño deberá olvidar todos esos momentos para poder desarrollar ulteriormente un pensamiento que no siempre se refiere al pasado, lo que se denomina «amnesia infantil». Esta es esencial en el desarrollo del niño puesto que la memoria tiene límites fisiológicos. Afortunadamente, la memoria es selectiva y solo subsisten los acontecimientos y las nociones útiles o que le proporcionan placer.

A partir de los 4 años, la memoria está constituida por el resultado de un número incalculable de intentos, repeticiones y errores en los aprendizajes. Todos los niños nacen con el mismo potencial de memoria, pero luego es una cuestión de entrenamiento: cuanto más se utiliza, mejor funciona.

Según Gerald Edelman, premio Nobel estadounidense, la memoria se basa en la elaboración de categorías que realiza el cerebro. Así, respecto al lenguaje, el niño percibe en primer lugar el lenguaje globalmente y memoriza secuencias vocales sin comprender su significado. Luego, poco a poco, distingue las palabras y, por último, aprende su significado. El niño actúa así con las innumerables informaciones que le proporcionan sus sentidos cuando está en estado de vigilia. De esta forma elabora un sistema de reconocimiento a partir de informaciones codificadas y almacenadas en unidades cerebrales específicas.

Sílabas

Son unidades fonéticas formadas, en general, por una consonante y una vocal. Cada palabra está compuesta por una o varias sílabas.

Las primeras sílabas que pronuncia el niño son sílabas llamadas fuertes, formadas por una vocal o terminadas en vocal. Cuando crece, el niño aprende a pronunciar palabras con varias sílabas. La dificultad con la que se encuentra entonces es ponerlas en el orden correcto dictado por la lengua para constituir una palabra o una frase con sentido.

En la formación de una sílaba en español siempre interviene un elemento central o núcleo, que está constituido por una vocal: po-**e**-ta, **e**-ne-ro. En otras sílabas, aparecen sonidos antes o después del núcleo: **ca-lor, mar-zo, ve-ra-no.**

En una frase, todas las sílabas no tienen la misma intensidad y la misma frecuencia. Estas diferencias, estos acentos proporcionan el ritmo y la cadencia de las palabras.

Sintaxis

La sintaxis define las reglas de combinación de las palabras para componer una frase que se considera correcta en la lengua en que se quiere hablar.

Para conformar la gramática, la sintaxis se completa con la morfología, un conjunto de formas regulares que deben tener las palabras variables de la lengua y las palabras especializadas que garantizan el papel constante de la frase.

La gramática hablada no es la misma que la escrita; la primera es más compleja. El niño no aprende realmente la gramática hablada; esta aparece con la práctica.

Vocales
Las vocales se producen por la vibración de las cuerdas vocales de la laringe, la boca más o menos abierta y sin retener el aire.

La lengua española tiene cinco vocales: a, e, i, o, u. Se caracterizan por dos rasgos principales: la abertura del canal y la localización. Según la abertura del canal, se distingue una vocal de máxima abertura: a; dos de media abertura: e, o, y dos de mínima abertura: i, u. Según su localización, una vocal es central: a; dos son anteriores: e, i, y dos son posteriores: o, u.

Voz de la madre y del padre
En el útero materno, el futuro bebé percibe bastante bien la voz de su madre, tanto por el exterior como por el interior de su cuerpo, por donde es conducida por los huesos y los tejidos.

El bebé recibe los sonidos de la voz de su madre a 60 dB con una intensidad de 24 dB, mientras que las voces procedentes del exterior, en particular la de su padre, solo le llegan a una potencia de 8 a 12 dB. Sin embargo, esta intensidad es suficiente para que el feto «aprenda».

El profesor español Feijó pidió a un determinado número de padres que grabaran en un magnetófono una lista de palabras y que se las hicieran escuchar regularmente a su bebé. Al nacer, el profesor y los padres pudieron constatar que los bebés que habían pasado por esta experiencia dejaban de llorar en cuanto su padre recitaba esta lista. Otras experiencias hechas en Japón consistían en hacer escuchar a los futuros bebés el alfabeto leído por la madre y el padre. Esta enseñanza precoz, según parece, permitía que los bebés empezaran a hablar a los 6 meses.

Al nacer, el bebé de pocas horas es capaz de reconocer la voz de su madre entre la de otras cinco mujeres, y la prefiere. Distingue también perfectamente la lengua que ella le habla. Parece que lo que el bebé reconoce esencialmente son las sílabas de la lengua materna. La voz de la madre tiene un efecto estimulante en el bebé, puesto que al escucharla mama con mayor empuje y energía. El bebé reacciona con mayor vivacidad si su madre le llama por su nombre con una fuerte entonación.

Estas constataciones han permitido sobre todo que los servicios de medicina neonatal desarrollaran cuidados «sonoros» para los recién nacidos: estos escuchan en la incubadora las voces de su madre y de su padre, grabadas en una cinta, y esto les proporciona un auténtico sosiego.

Bibliografía

Aguado, G., *El desarrollo del lenguaje de 0 a 3 años,* CEPE, Madrid, 1995.

Boada, H., *El desarrollo de la comunicación en el niño,* Paidós, Barcelona, 1986.

Bruner, J., *El habla del niño,* Paidós, Barcelona, 1986.

Díez Itza, E., *De cómo hablamos a los niños. El apoyo sociocultural a la adquisición del lenguaje,* Universidad Pontificia de Salamanca, 1993.

Dolto, F., *Tout est langage,* Folio essais, Gallimard, París, 2002.

Garton, A., *Aprendizaje y proceso de alfabetización: el desarrollo del lenguaje hablado y escrito,* Paidós, Barcelona, 1991.

Kaye, K., *La vida social y mental del bebé. Cómo los padres crean personas,* Paidós, Barcelona, 1986

Lenneberg, E.H. y Lenneberg, E., *Fundamentos del desarrollo del lenguaje,* Alianza, Madrid, 1982.

Monfort, M. y Juárez, A., *El niño que habla,* CEPE, Madrid, 1988

Piaget, J., *Seis estudios de psicología,* Seix Barral, Barcelona, 1967

Richelle, M., *La adquisición del lenguaje,* Herder, Barcelona, 1984.

Serra, M., Serrat, E., Solé, M.R., Bel, A. y Aparici, M., *La adquisición del lenguaje,* Ariel, Barcelona, 2000.

Siguán, M., Colomina, R. y Vila, I., *Metodología para el estudio del lenguaje infantil,* Vic, 1990.

Vila, I., *Adquisición y desarrollo del lenguaje,* Grau, Barcelona, 1990.

Triadó, C., *La evaluación del lenguaje: una aproximación evolutiva,* Anthropos, Barcelona, 1989.

Vila. I., *Adquisición y desarrollo del lenguaje,* Graó, Barcelona, 1990.

Direcciones de interés

• **Asociación española de pediatría**
C/Aguirre, 1 Bajos Derecha
28009 Madrid
Tel. 91 435 49 16
www.aeped.es

• **Asociación de logopedas de España**
Jorge Juan 21, 2º 5º
46004 Valencia
Tel. 96 352 51 42
www.asoc-logopedas-ale.org

• **Asociación española de logopedia, foniatría y audiología**

Tel. 93 330 91 41
http://www.aelfa.org/

• **Asociación de familias con niños disfásicos**
Gisbert s/n
30202 Cartagena
Tel. 627 29 07 86
http://es.geocities.com/afnidis/

• **Fundación española de la tartamudez**
Riera de Sant Miquel 63
08006 Barcelona
Tel. 93 237 9193
http://www.ttm-espana.com/

Índice